ıdrifoglio/3

Finito di stampare nel mese di novembre 1999
dalla System Graphic S.r.l. - Roma

William Walker Atkinson

PSICOLOGIA DEL SUCCESSO

Come conquistare più facilmente il prossimo

Edizioni Riforma dello Stato

PREFAZIONE

Chi pensa che sia sufficiente la semplice lettura di questo trattato per ottenere il successo non si illuda: per ottenere risultati soddisfacenti è necessario un lungo e faticoso lavoro; occorre soprattutto imparare a conoscere e sviluppare, facendole proprie, quelle qualità che possono condurre ciascuno di noi ad assumere, nella vita, una posizione privilegiata rispetto ai nostri simili. Nel carattere di ogni uomo, come è noto e come viene anche qui ribadito, vi sono dei punti deboli che si vorrebbero superare come vi sono alcune qualità che è necessario, invece, sviluppare. Ciò che impedisce ai più di reprimere gli aspetti negativi o sviluppare quelli adatti al loro scopo, è in generale l'ignoranza dei princìpi e dei sistemi adatti allo scopo che ci si vuole proporre.

Indicare, quindi, i sistemi per sviluppare i «modi di essere» per ottenere successo ma soprattutto indicare come fare per «assumere tali modi»: questo è ciò che William Walker Atkinson si propone con la stesura di questo trattato.

Idealizzare: formarsi cioè un concetto ideale, il più chiaro possibile, delle caratteristiche mentali desiderate e mantenerlo ben saldo, quindi, nella propria mente. *Visualizzare*: richiamare un'immagine o quadro mentale di se stesso come possessore della qualità mentale desiderata ed agire conformemente ad esso. *Azione Idealistica*: il pensiero viene ora considerato nella sua fase attiva; ogni pensiero cioè si realizza nell'azione. Sono questi i tre principi fondamentali che operano nello sviluppo di tutte le qualità e caratteristiche mentali e che chiunque voglia addentrarsi nella lettura di questa *Psicologia del Successo* deve comprendere chiaramente per poter approfondire un discorso assai più ampio che comprende quella sfera di sentimenti e azioni mentali che tanto hanno affascinato e tuttora affascinano gli studiosi della psiche umana.

Ogni uomo ha in sè, più o meno latente, il desiderio di arrivare, di andare avanti, di superarsi e superare i suoi simili, di affermarsi sugli altri e oggi più che mai ci si accorge di come ognuno di noi ha fretta di realizzarsi, ma quali sistemi adottare? L'Autore, riferendosi ad un assioma formulato dagli antichi maestri di dottrina mistica, assioma tanto vero oggi quanto allora, applicabile sia ai problemi mistici dell'antichità quanto a quelli della vita industriosa di oggi, ci indica una «triplice chiave del conseguimento»: desiderio intenso, attesa fiduciosa, volontà persistente. E quanti di noi, pur coltivando il primo punto, sono tuttavia privi di quella costanza e di quella volontà necessarie per ottenere col tempo dei buoni risultati? Ogni nostra azione viene mossa dal desiderio: questo è il primo punto che va impresso nella mente dello studioso; ma non è tutto. Se l'uomo non fosse che l'automa mosso dalle forze dei propri desideri e non avesse la capacità di controllare o creare questi ultimi, sarebbe solo uno schiavo; la nuova psicologia, invece, afferma che egli può e deve essere il padrone.

Sono molte le citazioni di grandi autori riportate da Atkinson nel suo trattato e si può facilmente notare come tali autori siano tutti concordi sullo stesso principio. Un'osservazione ricorrente è quella di alcuni individui che dopo aver seguito per lungo tempo una certa

L'essere consci della «triplice chiave del successo» che permette di assumere una posizione di vantaggio per il conseguimento del proprio traguardo

linea di lavoro e dopo esser quasi giunti al raggiungimento del successo, all'improvviso rilassano le loro energie, l'interesse diminuisce ed essi abbandonano così il premio delle loro fatiche ad altri che posseggono una maggiore perseveranza. Atkinson ci fa notare che una delle maggiori debolezze del popolo americano è appunto la mancanza di *costanza;* essi desiderano cambiare di continuo ed è per questo che molti di essi, anche se stimati, valenti, dotati di grande capacità, non arrivano mai a farsi veramente strada. Per quanto, comunque, volubili e incostanti, constatiamo che essi sono costanti nella cosa principale, quella cioè del proprio avanzamento. *Esaminiamo quindi le qualità «elementari», così dette in quanto hanno le loro radici nelle necessità elementari della razza.* E sono infatti le razze primitive a fornirci l'esempio di quanto sia necessario manifestare queste qualità, che sono il *coraggio* e l'*accumulamento*: qualità di cui si servivano per conservare la supremazia sui rivali.

E ancor oggi, nella lotta individuale per la vita, anche se non si è più troppo dotati di queste qualità, tuttavia è necessario possederle ad un certo grado per conservare la propria indipendenza e non lasciarsi sopraffare. Accanto a queste l'Autore cita le «qualità moventi», cioè quelle qualità che vengono impiegate attivamente nel lavoro individuale: in ogni cambiamento troviamo i due elementi associati della qualità distruttiva e della qualità costruttiva. E' da tener presente che se anche la prima, quando eccessiva, si manifesta in maniera poco desiderabile, tuttavia essa è indispensabile per l'uomo che altrimenti diverrebbe lo schiavo delle opinioni e dei pensieri altrui.

La qualità mentale della costruttività è l'istinto di creare, fabbricare; è possibile per ognuno di noi constatare come l'uomo fortunato deve essere in grado di progettare, inventare e costruire nel campo dei suoi affari; egli deve fare un piano e concretizzarlo secondo questa linea; deve usare, cioè, il pensiero costruttivo. E non illudetevi che sia sufficiente abbattere gli ostacoli, ciò che più conta è «ricostruire». In merito a questo principio, l'Autore riporta dei versi assai significativi di Holmes.

Ma un altro punto va ben precisato e cioè: l'uomo ha anche bisogno di essere difeso da tutti i pericoli che incombono su di lui; ecco quindi farsi strada le «qualità protettive» della prudenza e dell'astuzia. Blair distingue fra prudenza e saggezza; mentre quest'ultima ci fa agire nel modo più giusto, la prudenza ci impedisce di parlare ed agire impropriamente.

L'astuzia, che l'autore ci indica come una qualità di grande utilità per la conservazione della vita negli animali inferiori e nell'uomo primitivo, è assai utile anche nella vita attuale se si vogliono difendere i propri diritti nel grande giuoco della vita, dove ognuno di noi necessita di un certo grado di ingegno ed intelligenza da contrapporre a coloro che si trovano dall'altra parte della barricata.

«Io sono»: in queste due parole è racchiusa tutta la chiave dell'individualità; è l'Ego che sottostà ad ogni nostro pensiero, ad ogni nostra azione. Ogni uomo che vorrà ottenere un certo successo nella vita, dovrà possedere questa qualità ad un alto grado di sviluppo ed anche se alcuni ne saranno completamente privi, potranno tuttavia coltivarla seguendo i metodi riportati in questo trattato. Anche se classificata insieme alla vanità una «qualità egoistica», l'individualità serve di spinta all'uomo, lo fa sentire pieno di sé, fiducioso nelle proprie forze e in ciò che compie, indipendente nel suo modo di agire e di pensare.

Penso che anche il lettore si troverà d'accordo con l'Autore nell'affermare che una tale qualità, ad un giusto grado di sviluppo, è indispensabile al raggiungimento di un discreto successo. Cosa accadrebbe, infatti, se non avessimo fiducia in noi stessi, se non possedessimo quel grado di sicurezza che ci spinge a compiere continui passi avanti, facendoci superare tutti quegli impedimenti di cui è irto il sentiero che conduce al successo?

Coltivate, quindi, il vostro «Io» senza mai eccedere; imparate a contare soltanto su di voi; gettate la testa all'indietro e squadrate il mondo in faccia, dicendo come disse Black Hawk a Jackson: «Io sono un Uomo».

Ma non crediate che sia tutto qui; la strada del successo è lunga e perigliosa e molte sono le qualità da acquisire e da accrescere per il suo conseguimento.

L'Autore, giunto a tre quarti del cammino, prende in considerazione quelle qualità assai note al mondo delle donne e che vengono denominate appunto «piacenti»: allegria, soavità, tatto. Non dimenticatevi l'influenza che esse esercitano su chi vi circonda. Chi di voi avrà letto l'opera di Atkinson *Suggestione e autosuggestione** avrà avuto modo di apprendere quanto grande sia la possibilità di condizionamento che ognuno di noi può esercitare sul mondo a lui circostante; è facile infatti influenzare, o meglio «suggestionare», il prossimo sia negativamente che positivamente, secondo il nostro umore. Cercate di vedere il lato bello di tutte le cose e come dice un poeta:

> *«Ridete e il mondo riderà con voi;*
> *piangete e piangerete solo...»*

Seguite l'esempio dei giapponesi, il cui «Bushido» o

*William W. Atkinson, *Suggestione e autosuggestione,* Ed. Napoleone, Roma, 1986.

codice delle classi più elevate, insegna al giovane nobile a mantenere un contegno esterno gaio, anche se il suo cuore è gonfio di dolore.

Con la cortesia, l'affabilità, potrete conquistare più facilmente il vostro prossimo; con il tatto, infine, potrete far compiere ad altri azioni che altrimenti non avrebbero mai fatto. Mostrate interesse verso coloro che incontrate, imparate a vedere le cose anche dal punto di vista altrui, solo così vi porrete nella condizione di raggiungere quel grado di «comprensione» e di «sentimento verso il prossimo» che è l'intima fase del tatto.

Halleck, uno studioso delle cui citazioni l'Autore si serve ampiamente in tutte le sue opere, afferma: «Il guardare le cose intelligentemente è l'arte più difficile». Infatti, mentre finora Atkinson ha studiato e spiegato i sistemi utili per sviluppare quelle qualità basate principalmente sui sentimenti, alla fine della sua opera vengono prese in considerazione quelle che vengono definite «qualità del ragionamento»; vicino ad esse, infine, le qualità morali, riguardate da un punto di vista strettamente connesso al conseguimento del successo.

Forse, oggi più che mai, gli uomini dovrebbero soffermarsi a considerare proprio queste ultime qualità e fra esse, in primo luogo, l'onestà, ormai quasi del tutto dimenticata. Un vecchio adagio diceva: «L'onestà è la miglior politica», ma nella nostra epoca sembra del tutto dimenticato; nel mondo in cui viviamo dove appare predominante il caos, dove l'individualità viene portata all'esasperazione, dove l'arrivismo induce al compimento di azioni riprovevoli verso i nostri simili, dove ogni onesto principio viene calpestato per raggiungere troppo in fretta un successo materiale che appaga soltanto l'uomo-animale, rendendo così l'uomo sempre più arido: in questo tipo di mondo si ignora quella che è la parte più importante di ogni individuo: la sua parte interiore, la sua psiche.

Raggiungete sì il successo, ma non accettatelo a qualsiasi prezzo; non barattate l'onore per il successo; questo secolo ha bisogno di veri *uomini* e ricordate con noi il motto di Roosevelt:

«Non indietreggiate, seguite la linea retta, e colpite energicamente nel segno!».

CAPITOLO PRIMO

PSICOLOGIA DEL SUCCESSO

«Psicologia del successo»: anche se il titolo di questo libro potrà far sorgere in taluni la supposizione di un'esistenza di rapporto efficace e autentico fra psicologia e successo, da parte nostra escludiamo decisamente che esista in realtà una qualche correlazione fra i due concetti. Da altri, con idee opposte alle nostre, viene affermato che la psicologia è una scienza che si interessa di teorie metafisiche e di altri incerti concetti riguardanti le azioni effettuate dalla mente dell'uomo, senza che abbiano una benché minima relazione con gli affari pratici della vita. Un'altra teoria sostiene che il successo è un'attività prevalentemente pratica e che si può applicare esclusivamente alla difficile realtà della vita di ogni giorno; si può quindi dedurre quanto grande sia la distanza che intercorre fra l'uno e l'altro di questi due poli. Chi vorrà approfondire maggiormente l'argomento si accorgerà che vi è un rapporto assai intimo fra psicologia e successo e che anzi l'essenza stessa del successo è proprio la psicologia.

«Scienza della mente», è questa la terminologia usata per definire la psicologia, e ciò perché essa si interessa e prende atto degli stati mentali e delle azioni che essi producono.

L'uomo è tale secondo il suo pensiero. Il suo modo di agire è concorde al suo pensiero. I pensieri si mutano in azioni, siano esse una azione positiva o una repressione dell'azione stessa. Si può definire il successo come «un favorevole o vantaggioso risultato o fine di ogni azione intrapresa». Non vi sarà nessuno, specialmente fra coloro che vivono a contatto con uomini che conseguono il successo e conoscono i loro sistemi, che potrà negare come le loro qualità mentali abbiano una diretta relazione con il lavoro da essi intrapreso. Alcune qualità mentali danno dei risultati diretti o indiretti, positivi o negativi. Allorché talvolta cerchiamo di dare una giusta spiegazione alla cattiva riuscita di un essere umano, come prima cosa pensiamo ad alcuni tratti mentali che secondo noi gli hanno ostacolato una buona riuscita, ad alcune debolezze del suo carattere che hanno contribuito all'insuccesso. Uguale regola potrà essere applicata a coloro che si ritengono degli uomini fortunati; ma l'influenza mentale esatta non apparirà tanto prontamente, in quanto la maggior parte delle persone sfortunate è priva delle indispensabili qualità mentali e perciò ha difficoltà a riconoscere le qualità negli altri individui mentre assai facilmente riconosce le qualità negative a tutti assai più familiari.

Mentre è accertata senza dubbio la verità del fatto che in taluni casi le circostanze esterne favoriscono e contribuiscono ampiamente al successo o all'insuccesso di un individuo, è altrettanto vero che gli uomini dotati di alcune determinate caratteristiche mentali, riescono molte volte a trasformare un insucceso in successo o quanto meno, sforzandosi, riescono a rimediare agli errori commessi. Essi inoltre riconoscono il successo nel momento che si presenta loro e si avvalgono anche di questa opportunità. E, allo stesso modo, la mancanza di determinati attributi mentali agirà da ostacolo impedendo a un individuo di cogliere l'occasione favorevole e di riprendersi dopo una caduta. Quindi, possiamo di conseguenza affermare che la *mente* - o, per meglio dire, le qualità mentali di una certa persona — è l'essenza sola e reale del suo successo o insuccesso. Ed essendo, quindi, la psicologia «la scienza della mente», di conseguenza si ricava che la psicologia è strettamente interessata e coinvolta nella considerazione del successo o «del risultato o fine favorevole o vantaggioso di qualunque cosa intrapresa».

Scrivere un libro di questo genere sarebbe di scarsissima utilità, a meno che non lo si facesse con il semplice scopo di una classificazione scientifica, qualora le qualità mentali di un essere umano fossero stabilite in maniera invariabile dalla natura o da qualche altro potere superiore, se egli cioè fosse predestinato fin dall'origine al successo o all'insuccesso, senza la benché minima prospettiva e possibilità di cambiamento, modificazione, miglioramento o rinforzamento delle proprie qualità e caratteristiche mentali.

La realtà, al contrario, è assai diversa. Se un punto esiste sul quale la nuova psicologia insiste continuamente, questo è proprio il fatto che ogni individuo può mutare, modificare, alterare, sviluppare o rinvigorire le proprie facoltà e qualità mentali in un determinato campo. Mentre è una verità certa che ognuno nasce possedendo delle tendenze verso una certa direzione e con alcune facoltà più sviluppate di altre, è altrettanto vero che, seguendo determinati sistemi pratici e ben stabiliti, che hanno per fondamento solidi principi psicologici, è possibile, per mezzo della volontà, applicazione e tenacia sufficienti, sviluppare qualunque facoltà della mente e allo stesso tempo frenare quelle attitudini che possono rivelarsi dannose. Ed oltre questo, anche coloro che si ritengono privi di quella volontà, applicazione e tenacia indispensabili per sviluppare le loro facoltà, sono tuttavia in grado di acquisire una più forte volontà, un grado più elevato di applicazione ed un più alto potere di perseveranza, servendosi dell'autosuggestione e dei sistemi collaterali ad essa.

La maggior parte riconosce nel proprio carattere dei punti deboli che vorrebbe superare, o la mancanza di alcune qualità che vorrebbe viceversa acquisire. Da gran parte di essi, però, vengono totalmente ignorati i principi e i sistemi atti a limitare le qualità dannose e a sviluppare quelle buone. E in più, anche coloro che sono consapevoli delle proprie debolezze, non hanno, con molta probabilità, la coscienza della necessità di avere un corredo sviluppato di quegli attributi mentali positivi, noti allo psicologo scientifico che ne è giunto alla conoscenza mediante le sue investigazioni, le sue indagini e le sue osservazioni. Molti uomini non trovano il tempo utile né per dedicarsi alla lettura di opere di psicologia pratica, né tanto meno sanno dove sia possibile attingere informazioni di tale genere. Capirete da ciò il motivo per cui è stato scritto il presente libro.

Lo scopo che ci siamo prefissi è quello di mostrare, nel modo più comprensibile e chiaro possibile, i risultati delle indagini, degli studi sperimentali e delle osservazioni di studiosi esperti nel campo della nuova psicologia, per volgere l'attenzione di tanta gente, presa dal quotidiano lavoro, sui loro risultati e sui loro sistemi, perché chiunque sia in grado di conseguire la capacità di potersene servire immediatamente, senza che per ciò sia necessario andare a consultare innumerevoli trattati di spiegazioni rigorosamente scientifiche e discorsi d'accademia.

Non è difficile reperire opere dedicate al «successo» nelle quali al lettore vengono date molteplici e diverse notizie in merito a ciò che sarebbe opportuno fare per conseguire, nel proprio lavoro, un risultato soddisfacente. Uno dei sistemi per fargli conseguire questo fine è quello di invitarlo a diventare *tizio* o *caio,* ponendogli innanzi l'esempio di uomini d'ogni tempo che riuscirono a diventare qualcuno, e spronandolo quindi ad agire nello stesso modo. Ci sono addirittura opere che forniscono i più ampi particolari, enumerando le caratteristiche mentali che vengono ritenute indispensabili al conseguimento del successo dopo averle estesamente studiate; vi sono volumi che contengono tutte le virtù e attributi citati nei vocabolari e nelle enciclopedie, cosicché, ad un primo sguardo, il lettore rimarrà stupito dall'enorme gravità del compito che gli si pone di fronte. Da parte nostra, siamo propensi a credere che vi è una sostanziale differenza fra il soggetto generale della formazione del carattere e quello, invece, particolare dello sviluppo degli attributi mentali occorrenti per la riuscita.

Ciò che più occorre, nel soggetto generale della formazione del carattere, è di non tralasciare di esaminare *ogni* attributo della mente umana, per ciò che concerne le norme etiche e morali, rendendo così possibile la formazione di un carattere generale giustamente equilibrato sotto ogni rapporto. Nel soggetto particolare, invece, di cui ci occupiamo qui, allo studioso occorre tenere presenti solo le qualità particolari che sono indispensabili per raggiungere il successo: più esattamente un individuo che aneli a diventare un provetto tiratore, dovrà curare soltanto quegli attributi mentali e fisici relativi a quella arte.

Tuttavia, questo libro si occuperà anche di alcune qualità mentali che in genere vengono classificate come morali od etiche, e che, in verità, è necessario possedere per una buona riuscita nella vita. Da parte nostra esamineremo detti attributi solo dal punto di vista degli influssi esercitati sul successo della persona che li possiede e non dal punto di vista del loro valore, né tanto meno riguardandoli da un punto di vista etico o morale. Così allorché ci occuperemo dell'onestà, la riguarderemo solo dal punto di vista dell'antica massima che afferma: «l'onestà è la miglior politica» e non considerandola per il suo valore religioso o morale (in quanto sono assai numerosi i libri e le dottrine che la trattano solo sotto questo particolare profilo). Ciò non vuol dire che non vogliamo riconoscere l'aspetto superiore di questi attributi, bensì limitiamo solamente il nostro esame al particolare campo di cui ci occupiamo nella nostra opera.

Per dirla in altre parole, noi tratteremo la materia anziché dal punto di vista del sacerdote e del moralista, da quello dello psicologo e dell'uomo d'affari, poiché a noi sembra che come la moralità generale porta al successo, il terreno di indagine però è assai più ampio di quello speciale che si trova davanti a noi, e quindi tenteremo di attenerci a questo campo più limitato.

Abbiamo poi notato come molte opere che si occupano del «successo» indicano al lettore, come abbiamo già affermato, alcuni *modi di essere* per conseguire il successo; esse tuttavia omettono, in genere, di mostrargli il comportamento da tenere per *assumere* tali modi. Noi, su questo punto, riteniamo assai necessari i sistemi della nuova psicologia. Nel caso di un uomo che sia già nella condizione necessaria per ottenere successo, non vi è bisogno di alcuna istruzione su questo argomento, in quanto egli ha già acquisito quell'abito che altri gli vorrebbero insegnare a conseguire. Quando, invece, un soggetto *non* è ciò che dovrebbe essere per riuscire, viene lasciato in una posizione poco migliore della sua precedente in quanto anche se gli vengono mostrati i suoi difetti, tuttavia non gli viene impartito alcun insegnamento atto a correggerli. Molti hanno tralasciato di compiere ulteriori indagini su questo argomento per l'abitudine che si ha in molti e molto spesso, di propinare una quantità di sciocchezze con la pretesa e l'aspetto d'insegnamento. Molte persone hanno bisogno dei sistemi pratici della nuova psicologia, con i quali potranno facilmente comprendere la stabilità dei sistemi e il valore dei princìpi.

E veniamo ad un esempio: supposto che uno studente ignori il modo di compiere un'addizione e gli venga detto che per conseguire il risultato della somma di svariate colonne di cifre, è solo necessario «addizionarle correttamente» — questo e basta — e nessuna regola sull'addizione, né alcuna spiegazione dei princìpi, pensate, forse, che egli possa compiere l'operazione o capire quel tipo di insegnamento? Sicuramente no! Sembrerà incredibile ma ciò è esattamente quello che, nel campo del «successo», molti istruttori hanno detto ai loro discepoli. «Dovete fare questa cosa», «dovete comportarvi in questo modo», «dovete avere queste o quelle qualità», «dovete accrescere queste o quelle facoltà». Tutto questo, comunque, senza provare minimamente a insegnare loro *come* fare una cosa o l'altra, o essere in un certo modo piuttosto che in un altro. Non deve destar meraviglia vedere molti seri ricercatori andarsene amareggiati per i numerosi discorsi sul «successo»; e nemmeno stupire se la sola parola viene ritenuta «odiosa» da molti uomini pratici. Ciò che noi speriamo non è fare un'opera perfetta, ma effettuare un lavoro *pratico* e *utilizzabile* secondo le direttive e i sistemi più validi della nuova psicologia.

L'uomo di successo

CAPITOLO SECONDO

FORMAZIONE DELL'IDEALE

Una delle scoperte di maggior rilievo operate dalla nuova psicologia è quella riferentesi allo sviluppo ed allenamento delle varie facoltà o caratteristiche della mente. Vi era, da principio, la credenza che il carattere generale di un essere umano e le sue particolarità fossero fissati in modo definitivo o quasi, dimodoché un risultato notevole su di esso si sarebbe potuto ottenere solo per mezzo di qualche miracolo, o qualche mutamento di ordine morale, o ancora per l'influsso che qualche grave crisi avrebbe prodotto sulla sua vita.

Ora, invece, da parte della nuova psicologia si afferma che ogni individuo, purché sia dotato di una certa dose di pazienza e costanza, per mezzo di sistemi perfettamente naturali e scientifici, è in grado di sviluppare ogni tipo di facoltà mentale che lui desidera. Accettano questa verità sia coloro per i quali la mente è un semplice prodotto dell'attività del cervello, sia coloro che la ritengono un'entità separata. L'idea centrale, in entrambi i casi, è che le facoltà della mente si possono sviluppare con l'uso, l'esercizio e ciò che possiamo chiamare la materializzazione, per mezzo della visualizzazione, dei propri ideali.

Vorremmo richiamare l'attenzione dei lettori che hanno sentito parlare di questa idea solo nella sua fase delle «affermazioni» e delle «esposizioni», su un'altra fase, cioè quella dello sviluppo delle cellule cerebrali e sui risultati che sono riusciti a fornire, tramite esperimenti effettuati in laboratorio alcuni psicologi, in particolar modo il professor Elmer Gates di Washington, D.C. In questi ultimi anni le loro prove hanno suscitato il massimo interesse. Quest'aspetto dell'argomento potrà essere sufficientemente illustrato dall'esposizione fatta da Gates in una sua intervista poi pubblicata sul *Metaphisical Magazin.* Gates afferma:

«Addestrare in maniera eccezionale ed eccessiva una facoltà mentale di diversi animali, come la vista e l'udito, ed eliminare in altri animali della stessa razza ed età la possibilità di servirsi delle medesime facoltà: fu questo il primo esperimento compiuto nelle mie indagini relative alla mente. Successivamente uccisi entrambe quelle specie di animali e intrapresi l'esame del loro cervello per notare se qualche differenza di conformazione fosse stata provocata da un eccesso dell'attività mentale, mettendoli a confronto di quelli che ne erano stati privati. Addestrai dei cani a discernere i colori per cinque, sei mesi: cinque-sei ore al giorno. Questo il risultato che ne conseguii: esaminando l'area occipitale dei loro cervelli, vidi che vi era un numero di cellule cerebrali molto maggiore di quelle possedute da qualsiasi altro animale. L'utilità di questi esperimenti è di localizzare le funzioni mentali e, in special modo, dimostrare che, mediante un uso migliore delle stesse facoltà mentali, può aumentare il cervello di un animale o di un essere umano. I cani addestrati erano in grado di discernere sette sfumature del rosso e sette-otto del verde, oltre a mettere in evidenza, in altri modi, destrezza mentale superiore a quella di un qualsiasi cane. Risulta chiara l'applicazione di questi princìpi all'educazione umana.

«Venne poi effettuato un esperimento sul cervello di un fanciullo, abituato fin dalla nascita, per sei settimane, all'uso esagerato dei sensi della temperatura (cioè alla distinzione fra freddo e caldo) che portò all'osservazione, dopo la sua morte causata da scarlattina, che nelle zone cerebrali della temperatura, vi era un numero di cellule 24 volte superiore alla media abituale. In effetti, egli era in grado di discernere differenze di temperature che per altri fanciulli, della stessa età, era impossibile. In circostanze ed educazione normali, nel cervello dei fanciulli si sviluppa meno del dieci per cento delle cellule cerebrali. Comunque, in un terreno che altrimenti risulterebbe arido, si può far sviluppare, tramite processi di formazione del cervello, un numero superiore di cellule; in questo modo il fanciullo può migliorare il suo cervello ed acquisire un più elevato potere mentale. Poche settimane dopo la nascita, dovrebbe prendere l'avvio un'adeguata costruzione cerebrale, in quanto una volta che il cervello è sviluppato in ogni sua regione, il fanciullo è pronto ad acquisire conoscenze diverse e facoltà di ogni tipo mediante un'appropriata educazione tecnica e professionale».

Sono stati effettuati esperimenti anche da altri scienziati tesi a provare che con l'uso e per mezzo di esercizi idonei, secondo metodi scientifici, si può accrescere il numero delle cellule cerebrali.

In ogni processo di attività mentale si usufruisce dell'opera di minuscole cellule, le stesse che in gran numero costituiscono il cervello. Il numero delle cellule contenute nel cervello, si ritiene per gli scienziati che vari da 500.000.000 a 2 miliardi ed il loro numero dipende dall'attività mentale di ogni individuo. Però di queste solo una piccola porzione è usata in ogni momento attivamente mentre una grandissima riserva di forze è pronta ad entrare in azione qualora se ne presentasse una maggiore necessità. La moltiplicazione di queste cellule avviene in modo assai rapido in risposta ad azioni particolari; ciò ci viene dimostrato chiaramente dal

Gates in alcuni suoi esperimenti.

Quando si impieghi in maniera attiva una regione qualsiasi del cervello, od una qualsiasi facoltà speciale o anche una serie di esse, si accresce notevolmente il numero delle cellule cerebrali in quella regione particolare, dando così un aumentato potere alla facoltà o serie di facoltà in questione. Questi fatti riguardanti le cellule cerebrali, atti a spiegare i risultati che si conseguono per mezzo di esercizi appropriati ed allenamento della mente, vengono considerati dagli scienziati come rivolti al fine di un maggiore sviluppo mentale.

Sulla stessa materia vi sono altri eminenti studiosi che ritengono che il cervello sia l'*effetto* più che la *causa* del pensiero; essi preferiscono considerare la mente un'entità immateriale, anche se suscettibile di sviluppo con esercizi adatti, allo stesso modo di un qualsiasi muscolo del corpo materiale. Per sviluppare questo muscolo mentale si servono di metodi che praticamente sono gli stessi di cui si servono coloro che si attengono alla teoria della cellula cerebrale; dimodoché risulta quasi impossibile decidere fra due opinioni in contrasto, in quanto essendo i loro metodi uguali, entrambe le spiegazioni possono venir usate per dimostrare ragionevolmente i risultati conseguiti.

In questo libro non cercheremo di indirizzare il lettore verso le vedute dell'una o dell'altra scuola; il nostro scopo è di presentare i sistemi utili a conseguire i risultati desiderati. Per lo scopo pratico prefissoci in questo volume, non ha importanza l'opinione che il pensiero sia prodotto dalle cellule cerebrali, o viceversa che le cellule cerebrali siano una conseguenza del pensiero. Molto probabilmente la verità reale emergerà dalla riconciliazione di queste due contrastanti vedute, non essendo forse ciascuna di esse che una mezza verità, in quanto tutta la verità non sarà che la sintesi delle due opposte opinioni.

Idealizzazione

L'*idealizzazione* è il primo passo che viene preso in esame nel sistema della nuova psicologia per lo sviluppo delle caratteristiche mentali. Formarsi un concetto ideale, quanto più chiaro possibile delle qualità mentali che si desiderano e trattenerlo nella mente con fermezza: a tutto ciò si dà il nome di *idealizzazione*. E' intorno a un ideale in tal modo creato e conservato, che serve da matrice o modello mentale, che l'individuo si sforza di *materializzare* la realtà.

Desiderando egli, ad esempio, accrescere la caratteristica mentale del coraggio, come primo atto dovrà dar luogo alla creazione, nella propria mente, dell'ideale del coraggio. Fra le definizioni del coraggio troverà che esso è: «prodezza, audacia, ardimento, animosità».

Dapprima prenderà a familiarizzare con il significato di queste parole per poi cercare di capire in qual modo esse si manifestano nella vita di tutti i giorni dei vari esseri umani. Egli quindi compirà lo sforzo di formarsi un'*idea* quanto più chiara possibile del coraggio, così da avere un modello ben preciso e definito su cui materializzare dentro di sé questa qualità mentale. L'individuo comune forse potrà ritenere questo primo passo dell'idealizzazione come superfluo, in quanto è probabile che esso ritenga di essere già in possesso delle idee chiare su qualsiasi stato mentale desiderato. Guardando con semplicità in se stesso, si accorgerà, con grande sorpresa, di possedere delle idee assai confuse su ogni tipo di qualità mentale. Si renderà altresì conto della sua incapacità a definire con chiarezza la caratteristica mentale che desidera far propria e noterà pure di aver trascurato di coordinare nel concetto che egli si è formato della qualità mentale in questione, gli attributi, le qualità e le proprietà ad essa associate e connesse. E' opportuno, allorchè si vuol idealizzare un concetto, vederlo alla luce della sua totale applicazione. Nel caso specifico del coraggio, ad esempio, è bene che l'individuo conosca i diversi tipi di esso; la diversità fra coraggio vero e temerarietà; fra coraggio mentale e fisico; il coraggio che si manifesta nel sopportare quanto quello che ci sostiene nel combattimento. Colui che, infine desidera idealizzare il coraggio deve riunire attorno a questa idea il numero più grande possibile di avvenimenti ad esso collaterali. Lo stesso comportamento dovrà tenersi per ogni altra qualità mentale che si voglia acquisire. Noi ci soffermiamo sul coraggio con l'unico scopo di servircene per esempio.

Anche se tutti l'usano di frequente, in realtà sono assai pochi quelli che conoscono l'esatto significato della parola *idea*. La definizione che ne fornisce il vocabolario è la seguente: «Una immagine mentale, forma e rappresentazione mentale di qualsiasi cosa». Nell'uomo, ogni manifestazione mentale deve essere sempre preceduta dalle idee. Come a tal proposito dice Halleck:

«Il ponte di Brooklyn era già nella mente, ancor prima che la sua costruzione divenisse una realtà oggettiva. I progettisti idearono in primo luogo i piani di ciò che intendevano costruire, poi li tracciarono sulla carta ed in questo la mente precedeva naturalmente la matita suggerendo alla mano le linee da tracciare. Solo quando l'oggetto mentale fu completo, la materia venne piano piano versata in questo modello mentale. Solo allora quel ponte stupendo che collega due grandi città, divenne una costruzione reale. Lo stesso procedimento avviene per ogni passo del progresso materiale, per ogni invenzione, dalla macchina da cucire a quella del telefono. *Nella quotidiana lotta della vita, coloro che possono formare delle idee definite di ciò che intendono fare, prima di dar corso al lavoro, sono quelli che riescono meglio.* Gli altri sono soggetti a procurarsi delle noie e molte volte sono anche costretti a ricominciare di nuovo».

«Rappresentare o dar corpo ad una forma ideale»: questo il significato di *idealizzare.* L'importanza dell'idealizzazione nello sviluppare le caratteristiche mentali, consiste nel fatto che essa si trova realmente nel *formare un'idea giusta di ciò che si desidera acquisire o nel formare un modello mentale completo di ciò che si vorrebbe materializzare in una realtà oggettiva.* E' del tutto inutile prospettare come modello la semplice parola del «coraggio» a chi non ha alcuna conoscenza del suo significato. Ed è un modello assai *parziale* per coloro che nella parola coraggio conoscono un solo particolare significato. Tale parola può essere un utile e completo modello solo per chi ha un'idea o concetto completo del suo vero significato.

Per questa ragione è della massima importanza formarsi un'*idea* chiara e precisa della qualità mentale a cui si aspira. Prendendo in considerazione questo volume l'importanza rivestita dalle caratteristiche della mente, da parte nostra faremo il tentativo di tracciare l'idea o il concetto completo di ognuna di esse, al fine di aiutare il lettore. Una volta che l'idea si sia formata bene nella mente, si deve tentare di trasformare quest'idea in una parte della propria coscienza attiva, in una parte del proprio sé interiore. Maggiormente si pensa all'ideale e più facilmente esso potrà divenire realtà. *Noi diverremo ciò che pensiamo.* Molte volte ci capita di sentir parlare di individui che hanno compiuto grandi imprese, ispirati da un «alto ideale». Ma accade assai di rado di prendere in considerazione il fatto che l'ideale che ha originato una tal forza potente, non solo deve essere stato *elevato,* ma deve essere stato fissato in modo chiaro e forte nella mente di quell'individuo.

E' necessario se si vuol realizzare o materializzare un ideale *trasformarlo in una parte di noi stessi,* così da poterlo avere con noi giorno e notte. Gli uomini dagli ideali fermi e nitidi sono quelli che compiranno nella vita delle rilevanti imprese. Ogni loro energia ed ogni loro sforzo sarà volto a materializzare l'ideale di ciò che si sono creati in maniera chiara nella mente e a cui tendono con tutto loro stessi. Molti nella vita non conseguono dei buoni risultati e sono portati al fallimento proprio per la mancanza di un'idea precisa e nitida di ciò che desiderano.

Se non c'è la capacità di formare un completo ideale, si compia prima il tentativo di formare un contorno generale e in un secondo tempo vi si immettano i dettagli di tutto il quadro, gradualmente, andando al passo con il progresso che si sta compiendo. Un progresso mentale viene impedito dalle stesse leggi della mente, a meno che l'individuo non si formi, perlomeno, un concetto generale, un modello o traccia. L'idealizzazione è una parte di una rappresentazione così legittima come l'azione che ne consegue e non è il «fantasticare» che immaginano coloro che non sanno. Che idea ci faremmo di un uomo che iniziasse la fabbricazione di un edificio senza in precedenza averne fatto un progetto? Come si sarebbe potuto erigere il ponte di Brooklyn se non vi fossero stati i disegni del suo ideatore?

Ad un architetto chiamato in causa fu posto il quesito sulla differenza che intercorreva fra architetto e costruttore. Egli fornì la spiegazione ma l'avvocato della controparte, con tono ironico, gli domandò: «Signor architetto, diteci per favore chi fu l'*architetto* della Torre di Babele?» A questa domanda, l'architetto così rispose: «Non vi fu *nessun* architetto, signori, e da ciò derivò la confusione». Lo stesso si manifesta negli affari della vita: non basta che un uomo sia il costruttore del proprio carattere e della propria fortuna: egli deve anche esserne l'architetto. Il compito dell'architetto mentale è appunto l'idealizzazione, senza della quale avremmo come ineluttabile conseguenza, la confusione, il caos. Ed è per questo che cerchiamo di spiegare al lettore soprattutto l'importanza di superare questo primo gradino prima di avanzare.

Formazione dell'ideale

CAPITOLO TERZO

COSTRUZIONE DEI SENTIERI MENTALI

La *visualizzazione,* che viene definita come il «richiamo di un'immagine o quadro mentale con una chiarezza tale da accostarci al massimo alla visione attuale», è il secondo gradino della nuova psicologia che attua lo sviluppo delle caratteristiche della mente. E' appunto con il metodo della nuova psicologia che l'individuo *forma immagini mentali di se stesso quale possessore della caratteristica mentale che desidera acquisire e regola il suo comportamento in conseguenza di ciò.* In poche parole, quindi, possiamo dire che l'individuo coltiva il potere della *visualizzazione.*

Se una spiegazione si può dare a questo passo è che esso serve a stabilire ciò che viene denominato dallo psicologo: «abitudine mentale» o «sentiero mentale» ed in seguito questo permette una certa facilità nell'agire in modo conforme all'idea visualizzata. Nella sua operosità, la mente segue la legge universale della «linea di minor resistenza». La resistenza più debole, nell'attività mentale, si trova nella direzione di abitudini mentali già stabilite.

Noi siamo un insieme di fasci di abitudini mentali. Possiamo, a ragione, affermare che la maggior parte dei nostri pensieri e delle nostre azioni subisce l'influenza della forza dell'abitudine: nello stesso modo che un foglio di carta che, una volta piegato, tende a piegarsi di nuovo sulla stessa linea, e nella stessa maniera che gli abiti, i guanti e le calzature prendono la piega che gli

I sentieri mentali

si dà abitualmente, così la mente possiede solchi e rughe che preferisce alle forme e agli schemi non abituali. L'abitudine diventa assai spesso una «seconda natura», e anzi talvolta è la nostra *natura* vera.

A tale proposito, Kay dice: «L'abitudine e l'uso che coltiviamo da lungo tempo, arrivano financo a contrapporsi a qualunque sforzo che la volontà compie contro di essi. Ne consegue che la volontà o il desiderio di raggiungere un determinato scopo o di proporci di agire secondo una certa linea di condotta, non basta; occorre in primo luogo apprendere il modo di far ciò... Per far sì che un fanciullo compia determinate azioni, da parte nostra non dobbiamo limitarci ad istruire la sua mente ma occorre far nascere in lui il desiderio di agire, ed è anche nostro compito imprimergli la forza e l'abitudine di comportarsi nel modo che desideriamo... Accade sovente di rimproverare e punire i ragazzi per certe colpe: scatti d'ira, atti di ostinazione apparente, così poco controllati dalla loro volontà al pari dei movimenti di un paralitico. Un certo allenamento viene anche richiesto dalla volontà stessa di modo che essa possa comprendere il modo di indirizzare e controllare le facoltà che da essa dipendono. E come nessuno pretende che un fanciullo possegga la forza e la resistenza fisica di un uomo, lo stesso discorso dovrebbe essere ugualmente valido per ciò che concerne la forza mentale e sono assai pochi coloro che ritengono innaturale che il fanciullo possegga la stessa potenza mentale e lo stesso potere di volontà che si riscontrano nell'uomo maturo... In entrambi i casi occorrono molto tempo, costanza ed esercizio, iniziando dal più semplice e meno impegnativo per passare, gradualmente, al più difficile e al più arduo».

Tutto quello che Kay ha detto riguardo alla mente ed

alla volontà è vero tanto per il bambino che per l'adulto: allo stesso modo che vengono allenati i muscoli del corpo, così si devono tenere in esercizio quelli della mente.

E Henry Ward Beecher: « E' una filosofia assai errata il supporre che un'abitudine, instauratasi nella natura carnale, possa essere rimossa per mezzo di un semplice sforzo della volontà. Ciò non è tuttavia sufficiente: non è possibile vincere una tale abitudine servendosi del solo potere della determinazione. Quel che inoltre occorre è un perseverante allenamento».

Whately disse: «Qualsiasi cosa possa un uomo pensare dentro di sé e manifestare (anche con tutta sincerità) non vi potrete fidare ciecamente di lui fin tanto che non conosciate come egli agisca abitualmente; in quanto l'azione ripetuta è paragonabile ad una corrente d'acqua che scorre in continuazione e che da sola scava un canale, dal quale sarà assai difficile che venga stornata».

Come ebbe a dire San Paolo: «Nelle mie membra alloggia un'altra legge in conflitto continuo con la legge che governa la mia mente ... non opero il bene che vorrei fare mentre viceversa faccio il male che *non vorrei*... E pur essendo presente in me la volontà di fare il bene, non so come farlo».

Dice Halleck: «Alla nascita gli animali sono già dotati di istinto. L'abitudine è la risultante dell'acquisizione. La volontà ha come principale compito la formazione di buone abitudini; esse sono sempre costituite da uno sforzo della volontà. Dalla mancanza di una buona coltura nasce solamente l'erba cattiva. Il sistema nervoso dell'uomo ha in sé una rara capacità di modificazione o di adattabilità che rende possibile nella vita umana la molteplice varietà e lo sforzo. Per rispondere agli stimoli della vita avviene un'alterazione dei muscoli e dei nervi. Ciò è un avvenimento alquanto noto, tanto che ciò avvenga per alterazione dell'ordinamento delle molecole quanto che intervengano altre cause. Anche se non siamo nella condizione di fornire una spiegazione scientifica della ragione per cui la stoffa si piega più facilmente una volta che sia già stata piegata precedentemente, tuttavia possiamo accettare il fatto e adattare a tutto ciò il nostro comportamento».

Ed anche se i pensatori riconoscono il potere dell'abitudine, pur tuttavia nella loro mente albergano solo le abitudini che hanno fatte proprie mediante l'esercizio e l'azione. Si può tuttavia considerare questa come una semplice fase dell'effetto dell'abitudine. Il vero campo di tutte le abitudini, — la vasta regione subcosciente della mente — rimane colpito da tutte le impressioni che riceve provenienti dall'immaginazione dell'individuo, oltre quelle derivanti dalle altre regioni della mente che sono coinvolte nell'azione attuale.

Uno dei campi più potenti dell'attività mentale è l'*immaginazione*; essa ha una forza dinamica propria che si evidenzia nelle nostre azioni ed è un campo completamente diverso da quello della «fantasia» o fantasticheria. Gli psicologi iniziano ora a capire la grande ed importante influenza esercitata dall'immaginazione nella edificazione dei «sentieri mentali» seguiti dalla volontà nello svolgimento delle sue azioni.

Tutto ciò viene riconosciuto da Halleck, con la frase che segue: «Allorché gettate le fondamenta di un'abitudine, agite in modo che alla vostra attenzione, per quanto possibile, non vengano proposte altre idee. La volontà è sempre definita e per proprio oggetto ha un'unica idea centrale. Questa ultima, naturalmente, dovrebbe venire rinvigorita da idee affini, come, per esempio, quella del vantaggio che deriverebbe da questa abitudine. Allontanate da voi stessi qualsiasi idea tentatrice che vi solletica ad infrangere l'abitudine. Quando un individuo vuol perdere il vizio di bere, in primo luogo dovrebbe evitare di transitare davanti ad un bar, in quanto ciò potrebbe far ridestare in lui un turbine così vasto di idee tale da fargli provare un irresistibile desiderio. Inoltre sarebbe opportuno che cercasse di evitare la compagnia che può suggerirgli il piacere di bere. Un ragazzo che desideri formarsi l'abitudine dello studio, allorché si mette in cammino per recarsi a lezione, dovrebbe evitare di passare nelle vicinanze di gruppi di giovani compagni che giuocano. Essi forse lo inviterebbero a completare il numero per un baseball a nove o a partecipare a qualche altro passatempo: la sua forza di resistenza sarebbe così messa a dura prova e forse con esito negativo. Molti si sono mantenuti saldi nei loro propositi solamente perché hanno sfuggito le idee pericolose. I compagni di Ulisse agirono saggiamente nel tapparsi gli orecchi con la cera per non ascoltare il canto delle sirene: Ulisse, al contrario, lo udì e fu dominato dal desiderio. Se non lo avessero trattenuto a forza sarebbe certamente perito: quando non lo udì più, riprese il suo aspetto di uomo. Questa favola può essere adattata a tutti gli aspetti della nostra vita. Vi sono determinate idee che possono essere cacciate dalla mente in tutti i modi. ''Soltanto colui che non ha mai riportato ferite scherza sulle cicatrici''. Non vi è scherno da parte di coloro che hanno conosciuto che cosa sia una forte tentazione. Lo sforzo della volontà è maggiore quando si devono allontanare determinate idee piuttosto di quando si debbano affrontarle; molte volte il più vile è proprio colui che rimane sulla scena».

Dice William James: «L'abitudine è come una seconda natura! L'abitudine è dieci volte natura!» e, molto probabilmente, non vi sarà nessuno che possa apprezzare tanto questa verità, quanto colui che l'ha sperimentata. L'esercizio continuo di ogni giorno e la disciplina di tanti anni, alla fine tendono a riformare completamente un individuo come pure la maggior parte delle possibilità della sua condotta. E' accaduto sovente nei combattimenti che cavalli rimasti privi di cavaliere all'udire il suono del corno si siano riuniti ed abbiano effettuato le loro usuali evoluzioni. Vediamo continuamente come molti animali domestici rassomigliano a vere e proprie macchine nel compiere senza indugio, e al momento opportuno, quei compiti che gli sono stati insegnati e non mostrano minimamente che alla loro mente gli si possa presentare la possibilità di un'alternativa. Uomini che hanno trascorsa la loro vita in prigione fino alla vecchiaia, domandano di rientrarvi quando vengono posti in libertà. Si racconta che in una sciagura ferroviaria una tigre facente parte di un circo, trovando aperto lo sportello della propria gabbia ne uscì, ma vi rientrò quasi subito, sbalordita dalla sua nuova responsabilità, per cui fu assai facile rimetterla al sicuro.

Si può quindi ben affermare che l'abitudine è la grande bilancia della società, il suo più prezioso agente conservatore. Essa da sola è in grado di trattenerci nei limiti della legge e protegge i prediletti della fortuna dall'insorgere dell'invidia del povero. Essa fa sì che il pescatore stia in mare durante i mesi invernali, il minatore nella sua oscurità, ed inchioda il contadino alla sua capanna ed alla solitaria fattoria durante gli estenuanti mesi nevosi; essa ci protegge dalle invasioni dei nomadi del deserto e delle regioni glaciali. Essa ci obbliga a lottare per la nostra nutrizione o per perseguire lo scopo che ci siamo prefissi; essa ci dà la possibilità di adattarci a un'occupazione non gradita nell'attesa che se ne presenti una migliore, od anche quando è troppo tardi per ricominciare da capo... Vi accorgerete che fin dalla giovinezza lo stile professionale si instaura nel commerciante, nel dottore, nel ministro, nell'avvocato. Noterete nel carattere la formazione di piccoli solchi; le caratteristiche del mestiere, dalle quali difficilmente l'uomo può evadere, allo stesso modo che è impossibile che il suo abito prenda ad un certo momento delle nuove pieghe.

La maggior parte degli individui commette un grave errore credendo che tutte queste forti abitudini siano il frutto di attività solamente meccaniche, e che la loro formazione non provochi alcun effetto sulla mente. Ma non è affatto così in quanto l'abitudine è esclusivamente un prodotto della mente subcosciente. Essa si stabilisce attraverso questa zona della mente e può essere sottomessa o mutata attraverso tale zona. Anticamente la psicologia riteneva che una volta che l'abitudine si fosse stabilita, fosse quasi impossibile cambiarla; la nuova psicologia, invece, ci ha mostrato che per mezzo della visualizzazione, dell'autosuggestione e di altri sistemi similari, si può raggiungere la mente subcosciente e quindi si possono dominare o sostituire le vecchie abitudini. Possono, inoltre, essere cancellati i vecchi sentieri mentali e tramite la visualizzazione e l'autosuggestione se ne possono poi creare di nuovi. Oggi applicando tenacemente i metodi della nuova psicologia si può realizzare in pochi mesi ciò che, mediante i vecchi sistemi, si otteneva invece con un egual numero di anni.

Tutte le vecchie dimostrazioni e teorie tecniche riguardanti l'abitudine vengono ora accantonate dalla nuova psicologia. Essa scorge nell'abitudine le attività ed i fenomeni e li affronta quindi su questo piano, realizza inoltre che tutte le azioni, e idee o attività mentali di qualsiasi tipo, tendono a passare dal controllo del campo volontario dell'azione al piano subcosciente od involontario. Il sentiero mentale è una parte della mente subcosciente ed è questa a dominare la maggior parte della nostra vita mentale.

Un compito lungo e desolante sarebbe quello di affrontare la subcoscienza con la volontà, noi quindi consigliamo di neutralizzare le abituali impressioni subcoscienti, edificando una nuova serie di impressioni direttamente in contrapposizione con le vecchie delle quali desideriamo disfarci. Formiamoci, in altre parole, delle nuove abitudini in opposizione alle vecchie e annienteremo queste ultime. Serviamoci di tutto ciò che è positivo per combattere il negativo. Sforziamoci di costruire nuovi sentieri mentali e poi percorriamoli quanto più spesso ci è possibile e specialmente se eviteremo il più possibile di usare i vecchi, vedremo che la mente riuscirà a servirsi assai facilmente dei nuovi. Possiamo comprendere tutta la teoria e la pratica nelle parole seguenti: *«Costruire dei nuovi sentieri mentali e percorrerli il più spesso possibile»*.

Esercitandosi nella visualizzazione, il lettore dovrebbe compiere il tentativo di formarsi un'immagine — o quadro mentale immaginativo — la più chiara possibile, in cui potersi specchiare come possessore delle caratteristiche mentali desiderate e nell'atto di compiere le sue azioni conformemente ad esse. Egli dovrebbe impedire l'ingresso nella propria mente a qualsiasi immagine di se stesso le cui azioni si mostrassero in contrasto con le qualità proprie dell'attributo desiderato. Si dovrebbe inoltre ricordare che, nella sua immaginazione, egli sta forgiando un modello mentale del suo futuro sé; e che

L'abitudine

questo *sé* diventerà conforme a quello stesso modello. Dovrebbe poi esserci da parte sua un netto rifiuto per quelle che sono immagini mentali di insuccesso, negatività o qualunque altra debolezza del genere. L'idealizzazione è dunque seguita dalla visualizzazione ed è questo il primo passo verso la materializzazione. Mentre nella idealizzazione imprimiamo nella nostra mente in modo chiaro il concetto della caratteristica o attributo desiderato, nella visualizzazione facciamo e portiamo con noi la pittura mentale di noi stessi come possessori di questa qualità o caratteristica e ci figuriamo nell'atto di agire conformemente ad essa. La visualizzazione, infine, consiste nella *pittura mentale di noi stessi come desideriamo di essere.*

Un grande aiuto nella visualizzazione ci viene da una retta autosuggestione od affermazione verbale di conseguimento. Volendo ad esempio sviluppare la qualità o caratteristica del coraggio, dovremmo «rinforzare noi stessi» con affermazioni basate sul principio del «dire a se stessi»; facendo affermazioni mentali come: «io sono coraggioso, io sono dotato di grande coraggio», oppure, cosa forse preferibile, parlare a se stessi in terza persona, come «John Smith (sostituendo naturalmente questo con il proprio nome) tu stai accrescendo il coraggio, ogni giorno tu diventi più coraggioso, eccetera».

Queste autosuggestioni si stampano ogni giorno nella mente subcosciente e a poco a poco producono in quella regione il mutamento desiderato, aiutando così la formazione di una nuova e buona abitudine.

Rivolgendosi ad altri non c'è bisogno di giungere all'affermazione che *siamo* ciò che desideriamo essere, in quanto un tale procedimento verrebbe interpretato come una stupida vanteria che condurrebbe al ridicolo e alla derisione. Ma sarebbe necessario e opportuno evitare di affermare come un fatto l'esistenza della qualità negativa della quale ci si vuol sbarazzare. Mentre, ad esempio, per la suddetta ragione non sarebbe consiglia bile di rivolgersi ad un amico, dicendo: «Io sono coraggioso», è altresì opportuno astenersi dall'esprimere frasi negative, come: «Io sono vile; sono privo di coraggio, ecc.». Queste negative affermazioni creano nella mente subcosciente ulteriori impressioni non desiderabili ed ostacolano lo sviluppo degli attributi positivi. Alcuni persistendo a parlare delle loro qualità e caratteristiche negative, non fanno altro che accrescere la loro negatività. Concentrate tutto il vostro pensiero sulle qualità positive in opposizione a quelle negative che cercherete di ignorare il più possibile. Non soffermatevi a considerare la oscurità ma fate entrare il sole e senz'altro sarà diradata questa oscurità. Il positivo tende a distruggere il negativo; e per questo dovete soffermarvi sul positivo onde cercare di dimenticare il negativo.

Possiamo riassumere i due principi della visualizzazione e dell'autosuggestione nell'espressione: *attitudine mentale.* Ed è appunto l'*attitudine mentale,* che esercita un effetto costante sulla mente subcosciente e che determina i «sentieri mentali» o abitudini mentali. L'individuo mutando la propria attitudine mentale in lui predominante, inizia la creazione di sentieri e abitudini mentali seguendo linee positive; conseguentemente a ciò vengono a sparire a poco a poco le vecchie condizioni negative.

Per coloro che trovassero da obiettare, affermando che la visualizzazione è una «pura fantasia», potremmo citare quanto notoriamente venne espresso da Sir Benjamin Brodie: «L'investigazione fisica, meglio di qualunque altra cosa, aiuta ad insegnarci il valore attuale ed il giusto uso dell'immaginazione, di quella facoltà stupenda che, lasciata vagare incontrollata, ci conduce in un caos di incertezze ed errori, in una zona di ombre e di nebbia; ma che se, viceversa, ben controllata dall'esperienza e dalla riflessione, diventa il più nobile attributo dell'uomo, la sorgente da cui prende origine il suo genio poetico, lo strumento delle sue scoperte scientifiche; senza questo aiuto Newton non sarebbe mai arrivato all'invenzione del metodo differenziale; Davy non avrebbe scomposto la terra e gli alcali e Colombo non sarebbe pervenuto alla scoperta di un altro continente».

E riportiamo una simile affermazione di Tyndall: «Noi siamo stati dotati del potere dell'immaginazione, e servendoci di esso, noi possiamo illuminare l'oscurità che circonda il mondo dei sensi. Anche nel campo scientifico, troviamo dei conservatori che ritengono l'immaginazione una facoltà da temere ed evitare anziché venir adoperata. La loro osservazione è stata rivolta all'azione esercitata dall'immaginazione sui fragili vascelli e senza dubbio sono rimasti colpiti dai suoi disastri. Essi però, analogamente, potrebbero far cenno ad esplosioni di caldaie, come argomento contro l'uso del vapore. L'immaginazione circoscritta e ben indirizzata, con la collaborazione della ragione, diventa il mezzo più importante delle scoperte fisiche. E anche le deduzioni fatte da Newton, derivanti dal puro caso della caduta di una mela, che lo indusse a chiedersi se quel potere di attrazione non si fosse esteso fino alla luna, in ultimo luogo furono originate da un lampo dell'immaginazione».

E' bene che teniate a mente l'esistenza di una *immaginazione costruttiva* che forma non solo i caratteri, le doti e gli attributi mentali di ogni individuo, ma anche i grossi affari e le imprese mondiali. Chi si limita a dire «è solo frutto di immaginazione», dà prova di non aver capito il miglior pensiero della nostra epoca.

CAPITOLO QUARTO

IL PENSIERO NELL'AZIONE

Ci siamo fin qui interessati del pensiero nel suo aspetto di concetto e di immaginazione, cioè del primo e secondo passo dei sistemi di sviluppo delle caratteristiche mentali che secondo la nuova psicologia sono appunto quelli dell'idealizzazione e della visualizzazione. Ora, prenderemo in esame un altro passo: quello della *azione idealistica,* cioè considereremo il passaggio dal pensiero all'azione.

Ogni pensiero si formalizza nell'azione; in tutti i processi della mente c'è una fase di movimento, ma la trasformazione del pensiero in azione, il più delle volte, è involontaria e talvolta avviene incosciamente. Secondo le teorie della nuova psicologia, quando il pensiero è diretto nel canale dell'azione coscientemente, con intelligenza e ad un fine già stabilito, sulla mente subcosciente si produce un'impressione assai più profonda e si formano dei sentieri mentali più ampi e più duraturi.

Non condurrà niente a compimento e a buon fine, colui che si accontenta dell'uso e dell'idealizzazione passiva dell'immaginazione: egli è poco più di un sognatore. Ogni individuo deve manifestare il proprio pensiero attraverso l'azione, deve dar corpo, materializzare i propri ideali, deve far uso della sua immaginazione in maniera costruttiva prima che in lui divengano attive e positive l'idealizzazione e la visualizzazione.

Dice bene a questo proposito Halleck: «Il sognatore raggiunge l'altezza massima in un solo slancio. Così egli diventa un valoroso generale su un ampio campo di battaglia; un oratore che affascina e domina le masse; un uomo ricco in grado di soddisfare ogni desiderio; un uomo saggio che desta meraviglia nei più dotti, un presidente, un imperatore, uno zar. Una volta immersosi in queste fantasticherie di gloria e felicità, è naturale che egli provi disgusto nel semplice pane che si deve guadagnare col faticoso lavoro di tutti i giorni. E' di gran lunga più facile vivere in quelle regioni dove, col semplice tocco della bacchetta magica della fantasia, si può ottenere tutto ciò che si vuole».

E' bene far in modo d'impedire all'immaginazione di limitarsi solamente ai sogni e alle fantasticherie; quella altro non è che la sua fase *passiva*. Essa deve essere usata, invece, nella sua fase *attiva,* cioè costruttivamente. I pensieri devono venir trasformati in azione.

Il lavoro diretto a sviluppare le caratteristiche e qualità mentali, nella fase dell'azione idealistica è trasformato in espressione effettiva. In altre parole, nella vita di tutti i giorni, l'uomo «oggettiva i propri ideali». E vogliamo specificare che per «oggettivare» non vogliamo intendere l'azione inconscia abituale e naturale che si manifesta allorché i sentieri e le abitudini mentali sono ben stabiliti, ma l'azione cosciente e volontaria nel senso di esercizio. E' con azioni ripetute che noi dobbiamo rendere lisci e percorribili senza fatica quei sentieri mentali che saranno successivamente adatti a più facili e rapidi percorsi. Il ricercatore dello sviluppo mentale dovrà sottoporsi a una lunga serie di prove ed esercizi prima di raggiungere quel grado che gli permetterà di acquisire l'abitudine naturale di pensare ed agire in certe determinate direzioni; allo stesso modo che l'attore si deve sottoporre ad una serie di prove accurate prima di essere in grado di poter interpretare bene la

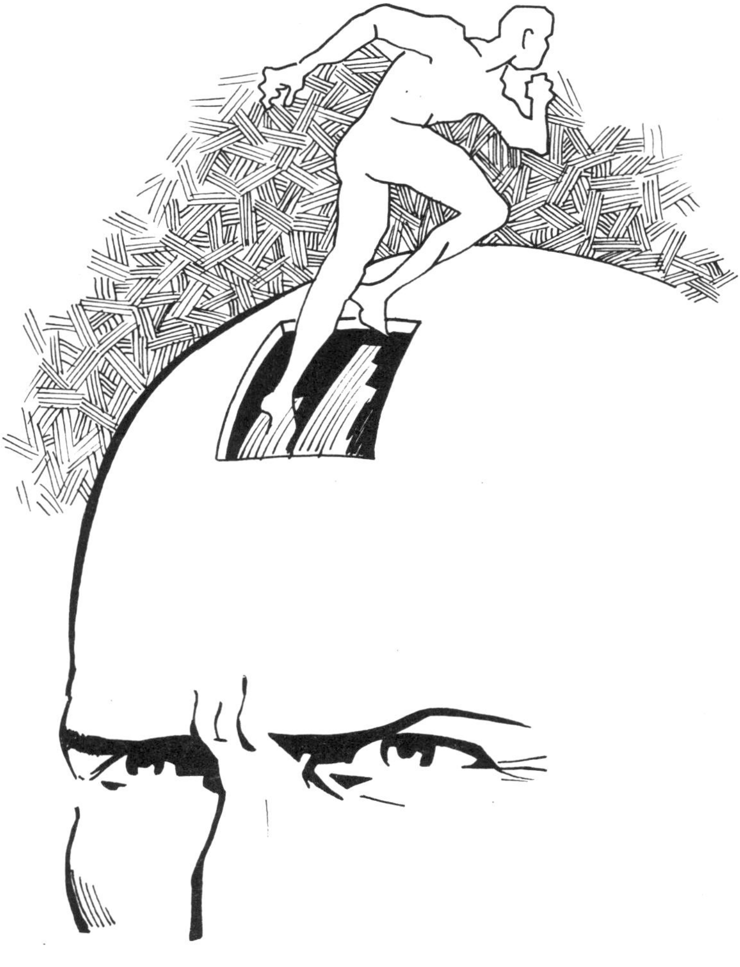

Dal pensiero all'azione

sua parte e di rappresentarla in maniera «perfetta». Nello sviluppo mentale la regola è questa: 1. esercizio, 2. *esercizio,* 3. ESERCIZIO.

Quando si vogliono coltivare delle nuove abitudini, ciò che è più importante è di «rappresentare la parte» il più spesso possibile, fin tanto che essa sia diventata una cosa abituale e quasi una seconda natura. In altre parole fino a quando la mente subcosciente la faccia propria e automaticamente la metta in azione. Allo stesso modo che la mente subcosciente imprime movimento alle dita del pianista, del dattilografo, ecc., così essa prende a muoversi e ad agire seguendo, con l'esercizio, certi sentieri mentali e fisici. L'idealizzazione e la visualizzazione sono i primi due passi utili a gettare le fondamenta dei sentieri mentali; il passo attuale consiste nell'*esercitarsi a percorrere* questi sentieri con lo scopo di allontanarne gli ostacoli e renderli quindi facilmente percorribili.

Dice Halleck: «Ogni volta che se ne presenti l'occasione, ripetete l'azione fino a renderla abituale. Immaginate che un individuo voglia formarsi l'abitudine della concentrazione mentale. Egli leggerà con la massima attenzione una pagina; se dopo di questo, leggesse le successive cinque pagine con minor attenzione, egli compirebbe dei passi indietro nella formazione dell'abitudine a cui aspira. Non sono gli sforzi intermittenti a formare delle buone abitudini. Ciò che occorre è di impiegare sempre la stessa attenzione. Quando ci accorgiamo che la mente è affaticata, è necessario cambiare lavoro; solamente in questa maniera è possibile avanzare nel conseguimento della formazione di una buona abitudine; la mancanza di osservazione su questo punto equivarrebbe a tornare indietro.

«L'inizio della formazione di un'abitudine è un momento di elevata difficoltà. Non bisogna fare alcuna eccezione fin tanto che non si è certi che l'abitudine si sia sufficientemente consolidata. E' chiaro che non ha la benché minima idea della legge dell'abitudine colui che fuma una sigaretta in compagnia degli amici, una volta che ha deciso di smettere o un bevitore che, come Rip van Winkle, prende un altro bicchiere dicendo che questo non conta. La legge dell'associazione invariabile è la base su cui si costruisce l'abitudine. Se colui che volesse imparare l'alfabeto dicesse oggi: a-b-c; domani: a-c-b; domani l'altro: c-a-b non giungerebbe mai alla conoscenza delle lettere nel loro giusto ordine. Da un certo punto di vista l'abitudine è associazione per vicinanza, ed è perciò necessario che l'associazione, per poterne far conto, debba essere invariabile. A volte coloro che non mettono mai niente a posto, tentano di coltivare un certo senso d'ordine. Per un paio di giorni tutto è messo accuratamente a posto; il terzo giorno presi dalla fretta, essendosi alzati troppo tardi, lasciano le cose come stanno ed ecco che quindi torna a regnare il primitivo disordine. Se avessero compreso appieno la serietà della situazione si sarebbero fatti svegliare un po' in anticipo piuttosto che lasciarsi andare a compiere un'eccezione il terzo giorno. Fu giustamente detto che se mentre stiamo arrotolando una corda, lasciamo cadere il gomitolo, la parte che se ne disfarebbe sarebbe assai più lunga di quella già fatta. Lo stesso accade per l'abitudine; una singola omissione non si può rimediare né in un giorno né in una settimana. Se le regole innanzi esposte fossero applicate costantemente per un certo periodo di tempo, l'abitudine diverrebbe infine una memoria organica. A quel punto, è possibile, senza uno sforzo cosciente, agire senza tema di sbagliare nella direzione indicata da una tale abitudine. Il compiere male una cosa provocherebbe una lotta, in quanto sarebbe difficoltoso spezzare l'abitudine fermamente stabilita di eseguire bene il proprio lavoro; in questo modo la mente sarà lasciata libera per poter progredire ulteriormente in altre direzioni. L'*abitudine lavora automaticamente* e si può quindi concentrare altrove l'attenzione».

E Dumont dice: «Una serratura agisce meglio dopo un certo periodo di uso; all'inizio occorre una maggior forza per vincere la ruvidezza del suo meccanismo. Il superamento di questa resistenza altro non è che un fenomeno dell'abitudine. E si piega con maggiore facilità un foglio di carta che sia già stato piegato in precedenza».

Riguardo questa fase della formazione di abitudini mentali un ottimo consiglio ci viene suggerito da William James: «Nel capitolo sulle abitudini morali del prof. Bain si trovano delle ammirevoli osservazioni pratiche. Dal suo metodo emergono due importanti massime. La prima è che allorché ci si prefigge di conseguire una nuova abitudine, oppure si vuole abbandonarne una vecchia, è necessario far attenzione a *lanciarci con una iniziativa il più decisa e il più forte possibile.* Dovete far in modo di accumulare tutte le circostanze che possono essere utili a rinforzare i giusti motivi; vi dovete mettere in condizione di incoraggiare la nuova maniera; assumete impegni incompatibili con la vecchia abitudine e, se è il caso, impegnatevi pubblicamente, in ultimo, circondate la vostra risoluzione del maggior numero possibile di aiuti. All'inizio tutto questo v'imprimerà un impulso tale da impedire alla tentazione di farvi venir meno all'impegno che avete assunto; e quand'anche ogni giorno e per più tempo venga proposta una ricaduta, può darsi che essa non si verifichi mai più. La seconda massima è questa. *Non permettetevi mai di compiere un'eccezione fin tanto che la nuova abitudine non sia fortemente e in modo stabile radicata nella vostra vita.* Ogni mancanza è come il cadere del gomitolo di filo che stiamo raggomitolando: una semplice caduta disfa più di quello che abbiamo fin lì fatto».

Bain afferma: «La particolarità delle abitudini morali, che le differenzia dalle acquisizioni intellettuali, è la presenza di due poteri ostili, uno dei quali deve gradatamente innalzarsi fino a prendere il predominio sull'altro. Ciò che più conta è di non perdere mai una battaglia. L'effetto di molte conquiste compiute nella direzione giusta può essere annullato anche da una sola vittoria della parte errata. Se ne deduce quindi che la precauzione essenziale è quella di regolare i due opposti poteri, dimodoché l'uno possa riportare una serie di successi ininterrotti sull'altro, fino al punto che, mediante la ripetizione, si sia talmente fortificato da essere in grado di fronteggiare, in ogni circostanza, l'oppositore. In teoria, si può affemare che questo sia il procedimento migliore sulla via del progresso mentale».

Più avanti James aggiunge: «Alle due precedenti, è possibile aggiungere una terza massima: *afferrate la primissima opportunità che vi si presenta per mettere in azione qualunque vostra risoluzione e qualsiasi impulso emozionale che possiate sperimentare nella direzione delle abitudini che desiderate imprimere nella vostra mente.* Non è all'inizio della loro formazione, *ma al momento in cui esse producono i loro effetti motori,* che le risoluzioni e le aspirazioni comunicano al cervello la nuova acquisizione».

Quindi James cita un altro autore che dice: «L'attuale presenza della sola opportunità pratica, fornisce il fulcro su cui poggia la leva per mezzo della quale la volontà morale può far in modo di accrescere la propria energia e di raggiungere un maggior grado di elevazione. Non si innalzerà mai al di sopra dello stadio del vuoto gesticolare, colui che non possiede un terreno ben saldo su cui potersi poggiare».

Ed ecco le parole con cui James conclude, e che per la loro veridicità e importanza, meriterebbero di essere stampate a caratteri d'oro: «Come massima pratica finale, relativa a queste abitudini della volontà, noi allora possiamo fornire questa: *mantenete viva in voi la facoltà dello sforzo mediante un breve esercizio giornaliero gratuito.* In altre parole, comportatevi costantemente da asceti e da eroi nelle cose che non hanno una grande importanza, compite quotidianamente qualche azione per la semplice ragione che avreste più piacere a non farla, in modo che quando si avvicinerà il momento della dura necessità, vi troverà forti e allenati per sostenere la prova. Un ascetismo di tal genere è paragonabile all'assicurazione che viene pagata da un individuo per la propria casa e i propri beni. Sul momento il premio che egli paga non gli porta nessun beneficio e si può anche dare il caso che non ne ricavi mai niente. Ma se vi fosse, invece, un incendio, allora l'aver pagato tale assicurazione lo salverebbe dalla rovina. Così è per colui che si è assuefatto all'abitudine della attenzione concentrata, della vigorosa volontà e della rinuncia alle cose che non si ritengono indispensabili. Egli si manterrà saldo come una torre mentre intorno a lui crolla ogni cosa e mentre i suoi compagni più deboli saranno sparpagliati come la pula dal turbine».

A tutti coloro che anelano a sviluppare determinate caratteristiche e attributi mentali, raccomandiamo quindi nella maniera più viva di *rappresentare* la parte che essi bramano di rendere abituale e naturale. Non appena vi si presenti una buona occasione, mostrate chiaramente la qualità desiderata. Qualora questa qualità sia il coraggio, sforzatevi di manifestare tale caratteristica e di sviluppare, controllandolo, il muscolo mentale. Se si tratta della perseveranza, sviluppate tramite continui esercizi il corrispondente muscolo mentale. E' bene che non perdiate occasione alcuna quando sia possibile esercitare ed usare in modo giusto quel dato muscolo della mente. Divenite tutt'uno con la parte che rappresentate e mostratela con tutta la vostra capacità, nello stesso modo che vi comportereste qualora vi trovaste a recitare una parte principale e vorreste renderla nella maniera più perfetta possibile.

In relazione a questo lavoro di rappresentare la parte, su un altro punto desideriamo richiamare la vostra attenzione e cioè: nello stesso modo in cui il pensiero si tramuta in azione, altrettanto le azioni fisiche tendono a originare pensieri, sentimenti e idee corrispondenti. Fra alcuni dei migliori psicologi è idea assai diffusa che se un individuo volesse con la propria volontà assumere determinate posizioni fisiche e rappresentare certi movimenti fisici, farebbe sorgere in se stesso altrettanti stati mentali corrispondenti; agendo in questo modo otterrebbe grande vantaggio nel senso di stabilire i sentieri mentali desiderati. La legge dell'azione e della reazione fra lo stato mentale e l'espressione fisica, è già stata menzionata varie volte in altri volumi di questa stessa serie e la regola seguente è già stata esposta in quelli: *un'espressione fisica collegata con un determinato stato mentale, se indotta volontariamente, tenterà di indurre lo stato mentale corrispondente.*

In relazione alla fase dello sviluppo mentale che stiamo trattando, considerando la grande importanza rivestita da questo principio, noi osiamo qui menzionare, come abbiamo fatto precedentemente in alcuni nostri libri, l'espressione assai forte che diverse autorità di fama mondiale hanno pronunciato. La prima, di Halleck, è la seguente: «Inducendo un'espressione possiamo spesso causare l'emozione collegata con questa... Assai di frequente gli attori hanno dimostrato che quell'emozione sorgerà allorché verranno stimolati i movimenti dei muscoli corrispondenti. Se talvolta conversando con un personaggio che si trova sul palcoscenico, si fa la faccia scura e si serrano i pugni, accade sovente che si finisca con l'irritarsi veramente; se al contrario s'inizia con l'imitare il riso, alla fine ci accorgiamo di essere divenuti allegri. Un professore tedesco è solito dire che non gli riesce camminare con una ragazza che abbia un passo ed un aspetto frivoli senza che anche lui non si senta frivolo».

James afferma: «Il fischiettare per darsi coraggio non è semplicemente un modo di dire. Se poi tutto il giorno rimarrete imbronciati, sospirando e rispondendo ad ogni domanda con voce lamentevole, la vostra malinconia diverrà sempre più profonda... E' necessario, allorché vogliamo giungere a padroneggiare in noi alcune tendenze emozionali non desiderabili, che noi fin dal primo istante, con freddezza e di nostra spontanea volontà, *passiamo attraverso i movimenti esteriori* di quelle disposizioni, avverse alle prime, che abbiamo in animo di coltivare. Distendete la fronte, rasserenate lo sguardo, assumete una posizione eretta anziché ricurva, parlate con un tono di voce più alto e più chiaro, mostratevi allegri e, se il vostro cuore non è addirittura un pezzo di ghiaccio, alla fine si scalderà».

Un'altra testimonianza aggiunta alla precedente dal dott. Woods Hutchinson: «E' assai facile poter constatare fino a che punto, come ha detto il prof. James, le contrazioni muscolari condizionino le emozioni, servendoci di un semplice e piccolo esperimento con un gruppo dei più piccoli muscoli liberi del corpo, quelli che muovono la pupilla dell'occhio. Scegliete un momento di tranquillità, in cui vi troviate seduti nella vostra stanza, senza che alcun pensiero vi turbi; raddrizzatevi e ponetevi in una posizione comoda, volgete gli occhi in alto e teneteli così per trenta secondi. All'istante e senza volontà da parte vostra vi accorgerete di sentirvi trasportare verso idee e pensieri devozionali e contemplativi. Dopodiché volgete gli occhi di qua e di là, volgendo lo sguardo direttamente a destra e sinistra, guardando attraverso le palpebre semichiuse. In pochi istanti nella vostra mente prenderanno corpo immagini di sospetto, di irrequietezza e di disgusto. Volgeteli quindi da una parte e abbassateli poi lentamente; senza che voi lo sappiate, sorgeranno nella vostra mente pensieri di gelosia e di civetteria. Se guardate a terra, vi sentirete indotti a fantasticare».

Dice Maudsley: «L'azione muscolare specifica è realmente una parte essenziale della passione, e non soltanto come si crede, una sua esponente. Finché i nostri lineamenti fisici saranno fissi in una espressione di passione, sarà per noi impossibile poter richiamare alla nostra mente un sentimento diverso».

Risulta quindi assai evidente la lezione che si può trarre da queste affermazioni. Il fatto da noi già esposto vuol dire che se *rappresentiamo* uno stato mentale desiderato con l'espressione fisica, gradatamente diverremo simili a ciò che imitiamo. Lo stato mentale interno sarà indotto dall'espressione fisica esterna. Se per strada ci metteremo a camminare con i pugni stretti e le sopracciglia aggrottate, inizieremo subito ad essere in collera; e se ci troveremo ad incontrare altre persone risveglieremo in esse un sentimento simile che a sua volta reagirà su di noi. Se viceversa con la nostra volontà assumeremo un'espressione esterna di piacere e di buon umore daremo luogo in noi al sorgere di uno stato mentale corrispondente e lo stesso stato trasmetteremo ad altri, uno stato che a sua volta reagirà su di noi.

Allorché vi sarete formati un chiaro e corretto *ideale* delle caratteristiche che vorreste far vostre e dopo aver appreso a visualizzare tale ideale in modo realistico, sarebbe opportuno che tentaste di riprodurre nelle vostre azioni l'espressione fisica corretta di quella qualità o caratteristica e rappresentarla quotidianamente nel miglior modo possibile. Attraverso ripetuti esercizi potrete acquisire sempre più perfezione nell'espressione, fin tanto che la rappresentazione si tramuterà in un sentimento naturale e consueto; a questo punto il vostro ideale sarà divenuto realtà.

In queste tre fasi e cioè, *idealizzazione, visualizzazione* ed *azione idealistica,* voi ricaverete vantaggio dalle due grandi attività mentali — *impressione* ed *espressione* — con le loro innumerevoli azioni e reazioni reciproche. Voi ricaverete vantaggio da tutte e due; e ambedue coopereranno per rendere completo il vostro carattere.

Lunghe sono state le considerazioni da noi compiute ed anche molto dettagliate su queste tre fasi o passi, in quanto i loro princìpi agiscono nella cultura e nello sviluppo di tutte le qualità e attributi mentali, di cui in seguito ci occuperemo in questo libro. Ciò che vi raccomandiamo, quindi, è di studiare con la massima cura questi tre princìpi, in quanto non avremo poi abbastanza spazio per dilungarci ancora su di essi e quindi saremo costretti a riferirci costantemente a questi tre primi capitoli. Senza un apprendimento chiaro di questi tre princìpi perdereste gran parte della vera essenza degli insegnamenti trattati nei capitoli seguenti.

Quindi rendetevi completamente padroni di questi tre princìpi prima di procedere oltre: questa è la nostra più viva raccomandazione.

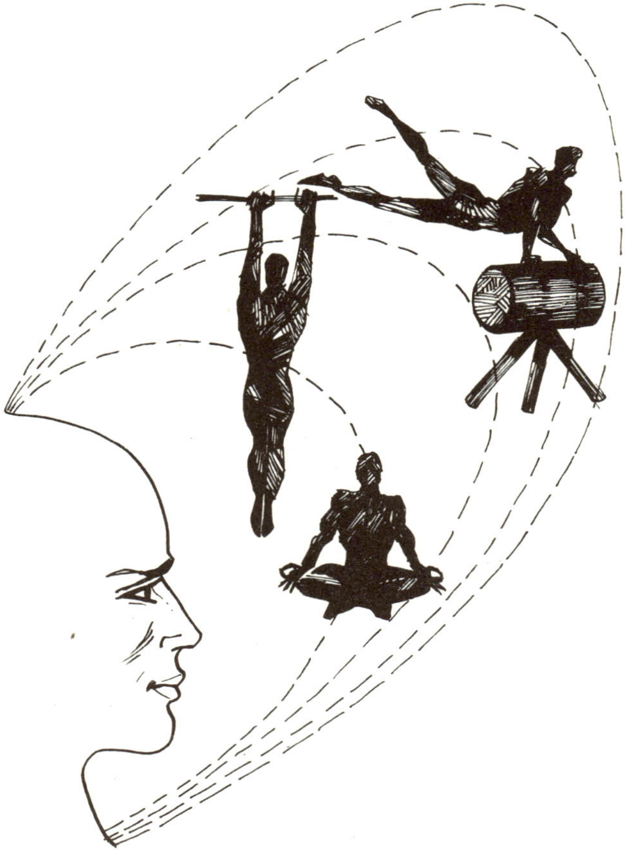

L'uomo di successo … un perfetto equilibrio psico-fisico

CAPITOLO QUINTO

DESIDERIO INTENSO

Un assioma comprendente i princìpi operanti dell'azione mentale venne formulato molti secoli addietro da alcuni fra gli antichi maestri di dottrina mistica; assioma assai vero oggi come un tempo, ed applicabile tanto ai problemi mistici dell'antichità quanto a quelli della vita operosa dei giorni nostri.

Il significato di questo assioma nella sua libera traduzione significa:

«La triplice chiave del conseguimento è questa:
1. desiderio intenso;
2. attesa fiduciosa;
3. volontà persistente».

Il valore di questo antico assioma si può apprezzare pienamente, purché lo si consideri in modo dettagliato. Potere ed energia sono contenuti in ognuno dei suoi tre elementi; una forza dinamica quasi irresistibile viene prodotta dalla combinazione di tutti e tre gli elementi.

Desiderio intenso. Il desiderio è il fuoco che origina il vapore dell'azione. Esso presiede ad ogni azione cosciente e incosciente dell'uomo e degli esseri al di sotto dell'umanità. Ha la sua corrispondenza finanche nella materia inanimata e lo scienziato, servendosi della sua immaginazione, può a ragion veduta parlare del «desiderio della gravitazione», del «desiderio degli atomi» e del «desiderio del magnete».

Uno dei più grandi scienziati tedeschi, Heckel, dice: «Non mi è possibile immaginare il più semplice processo chimico e fisico senza far risalire ad una sensazione incosciente la causa dei movimenti delle particelle materiali. L'idea di una affinità chimica sta nel fatto che i diversi elementi chimici percepiscono le differenze di qualità in altri elementi, avvertono una sensazione di piacere o di disgusto allorché si trovano a contatto con loro ed eseguono movimenti specifici su questo terreno».

Nageli afferma: «Se le molecole posseggono qualche cosa che sia anche lontanamente simile alla sensazione, deve riuscire loro gradevole il poter seguire le proprie attrazioni e repulsioni; mentre sarà sgradevole l'esser costrette ad agire in modo diverso».

La repulsione è praticamente la fase negativa del Desiderio e consiste cioè in un desiderio *contro* anziché *pro*. Si possono considerare manifestazioni del desiderio tanto l'amore che l'odio.

Secondo quanto afferma un altro autore: «Tutte le azioni da noi compiute, siano esse buone o cattive, sono sempre mosse dal *desiderio*. Noi siamo caritatevoli in quanto *desideriamo* lenire la sofferenza interiore che ci assale alla vista della sofferenza altrui; o per il *desiderio* di simpatia; per il *desiderio* di venir rispettati in questo mondo o di assicurarci un posto assai confortevole nell'altro mondo. Una persona è socievole perché *desidera* esserlo, perché il mostrarsi gentile la riempie di soddisfazione; di contro un altro individuo è crudele precisamente per lo stesso motivo. Uno compie il proprio dovere in quanto *desidera* farlo, dal momento che trae maggior soddisfazione dal dovere ben compiuto, che dal trascurarlo per desideri inferiori. Un individuo dal temperamento religioso è religioso perché i suoi desideri devozionali si sovrappongono in lui a quelli contrari; egli perciò nella religione trova una maggior soddisfazione di quella che un altro trova nei piaceri mondani. L'uomo morale è tale in quanto i suoi *desideri* di moralità sono più forti di quelli dell'immoralità; egli quindi ritrae un piacere maggiore a condurre una vita morale. Ogni nostra azione è mossa dal *desiderio* sotto diverse forme, elevato o infimo che sia. Non sarebbe possibile per l'uomo agire qualora egli fosse privo di desiderio. Il *desiderio* è il potere che muove e sottostà ad ogni azione, è una legge naturale della vita. Qualsiasi cosa, dall'atomo alla monade, dalla monade all'insetto, dall'insetto all'uomo, dall'uomo alla Natura, agisce sotto la spinta del potere e della forza del suo *desiderio,* il vero movente che anima tutte le cose».

Dice Halleck: «Alla base di ogni azione superiore della volontà troviamo il desiderio. Questo è uno stato mentale alquanto complesso e racchiude in sé gli elementi dell'emozione e della volontà. In ogni stato di desiderio si trova: 1. *sensazione cosciente;* 2. *tensione cosciente,* la quale facilmente si tramuta in azione. Ogni sentimento ha la tendenza a risvegliare il desiderio; a volte il desiderio dà origine a degli intensi sentimenti. Sotto un aspetto il desiderio è sentimento; sotto un altro è volontà o anche una tensione attiva che si trasforma in modo impercettibile in volontà. *Il desiderio ha per oggetto qualche cosa che originerà piacere o libererà dal dolore, immediato o remoto, l'individuo stesso o qualcuno a cui egli s'interessa.* L'avversione o lo sforzo per allontanarsi da qualche cosa, è solamente un aspetto negativo del desiderio».

Qualunque azione compiuta dall'uomo è spinta sempre dal desiderio, comunque non da ogni desiderio, ma *dal desiderio più forte o dalla media dei suoi desideri.* La potenza di tali desideri determina poi il grado delle sue azioni. Talvolta ciò che noi in molti uomini forti chiamiamo *«volontà»*, sovente non è altro che un *intenso desiderio.* Possiamo constatare che sono uomini che *desiderano insistentemente una determinata cosa*, coloro che si liberano degli ostacoli o li superano, o calpestano qualunque impedimento.

E' assai noto il detto: «E' possibile ottenere tutto ciò che vogliamo purché lo vogliamo fortemente». Altre volte abbiamo scritto: «Alla base di ogni sentimento vi è il desiderio. Prima di avere la capacità di amare o di odiare dobbiamo provare tale desiderio. Prima di essere idonei a possedere ambizioni od aspirazioni, dobbiamo avvertirne il desiderio. Ad ogni azione della vita deve sempre sottostare il desiderio per qualche cosa: esso può essere sia cosciente che subcosciente. Il pensiero astratto è una cosa arida e nuda priva di ogni vitalità e calore: il desiderio è vitale, martellante, smanioso, anelante, volitivo, petulante e incita sempre all'azione». In realtà il desiderio è la fase dell'azione mentale chiamata «forza motrice».

Il grado del desiderio indica quello dell'azione. La qualità dei nostri desideri indica quali particolari azioni compiremo: ma il *grado* dei nostri desideri indica fin dove seguiremo il sentiero dell'azione — con quale velocità ci muoveremo — e quanta forza impiegheremo nelle nostre azioni. Ed è ben noto che solo alcuni conoscono che cosa voglia dire esattamente *desiderare;* la maggioranza possiede soltanto desideri indefiniti ed irrisoluti, passivi e non raggiunge che lo stadio passivo del desiderio; mentre la fase attiva è riservata agli uomini d'azione che manifestano il loro desiderio attraverso i fatti.

Lo stadio passivo conduce l'individuo semplicemente a *sognare* di agire; al contrario lo stadio attivo lo spinge realmente ad *agire.* Possiamo paragonare lo stadio passivo ad un lento fuoco che riscalda solamente l'acqua della mente fin quasi all'ebollizione, senza tuttavia giungere a produrre il vapore. Di contro, il desiderio attivo è il fuoco ardente che riscalda immediatamente le acque mentali a tal punto da generare il *vapore della volontà;* questo vapore poi esce con impeto mettendo direttamente in movimento i pistoni e le grandi ruote dell'azione iniziano la loro funzione.

Soffermandosi a parlare dei diversi tipi di determinazione o decisione, James dice: «Nel terzo tipo, la determinazione sembra egualmente accidentale, essa tuttavia proviene dall'interno e non dall'esterno. Assai sovente accade che quando la mancanza di un principio imperativo ci rende esitanti, indecisi e disattenti, ci scopriamo per così dire ad agire automaticamente e come spinti da una spontanea scarica dei nostri nervi verso uno dei corni del dilemma. Questo sentimento di moto tuttavia è talmente eccitante, dopo quel nostro intollerabile stato di incertezza, che sprofondiamo avidamente in esso. Avanti adesso! gridiamo dentro di noi, anche se cascasse il mondo. Questo abbracciare indifferentemente e con gioia un'azione in un modo così poco meditato da noi da far sì che ci sentiamo spettatori passivi, subito pronti a rallegrarci dello sviluppo di qualche forza estranea, anziché attori volontari, è un tipo di decisione troppo improvvisa e tumultuosa per presentarsi spesso nelle nature aride e addormentate. Ma probabilmente è frequente nelle persone di natura fortemente emozionale... e in quegli individui che hanno il potere di scuotere il mondo, come Napoleone, Lutero, ecc., nei quali alla tenacia della passione si unisce l'attività incessante: se talvolta lo sfogo di questa passione è stato limitato da scrupoli o da paure, la soluzione sarà il più delle volte catastrofica. Il torrente irrompe inaspettatamente attraverso la diga. Questo fatto ci viene spiegato con la tendenza che hanno insita in loro questi caratteri ad una disposizione mentale fatalistica. E la forza dell'energia prorompente verrà senz'altro aumentata da questa fatalistica disposizione».

E nuovamente vorremmo imprimere nella mente del lettore che il *desiderio è il solo, vero potere movente della mente, il fuoco che produce il vapore della volontà.* E' opportuno che colui che vuol compiere una determinata cosa, innanzi tutto faccia sorgere e poi mantenga in se stesso il fuoco ardente del desiderio intenso, del desiderio tormentoso e cocente che potrà essere mitigato solamente dal raggiungimento del fine bramato. Se non verrà alimentato il fuoco del desiderio, questi perderà il suo potere e la macchina rallenterà a causa della diminuzione del potere del vapore.

Un individuo, anche se in possesso di qualsiasi altro merito, anche se dotato delle migliori qualità, non arriverà mai al raggiungimento dello scopo prefissosi se non alimenta il fuoco del desiderio. Ancor prima di impiegare tutte le nostre forze per fare una cosa, bisogna «desiderare di fare». I grandi personaggi della storia antica e moderna, donne e uomini che «fecero grandi cose» furono spinti da un insaziabile desiderio verso il compimento e il raggiungimento dei loro fini; nelle loro anime ardeva potentemente il fuoco del desiderio e nell'azione erano continue e potenti le esplosioni. Si può parlare della «forte volontà» degli individui; ma se queste volontà non fossero mosse dal desiderio intenso che si trova sempre sottostante alla fase dell'azione della volontà, i risultati di esse sarebbero assai scarsi. Sarà compito stesso dei nostri lettori il decidere questa questione, ognuno nella propria coscienza deve realizzare tutta la parte importante che ha il desiderio intenso.

Prendendo in considerazione le proprie azioni, passate e presenti, ci accorgeremo che qualunque cosa di una certa importanza fu da noi compiuta soltanto in un periodo in cui il nostro desiderio era più vivo e alimentato del solito; in un momento in cui «volemmo abbastanza fortemente». «I cuori deboli non conquistarono mai»; altrettanto i deboli desideri non riportarono mai alcun successo. Date a questo desiderio un qualsiasi altro nome: — cupidigia, aspirazione, esigenza, bisogno, anelito, ecc. — e noterete che in tutte le vostre azioni esso è sempre presente. Avete compiuto forse qualsiasi cosa degna di nota *senza* desiderare di compierla? Forse i vostri pieni poteri sono stati messi in movimento *senza* lo stimolo di un forte, violento desiderio? Noi pensiamo di no. Non esiste vapore senza fuoco, è impossibile compiere un'azione potente senza che ci sia un intenso desiderio. Non c'è da meravigliarsi se il desiderio viene classificato da molti psicologi come uno degli stadi preliminari della volontà.

Come dice un altro autore: «Non potrete mai raggiungere una certa cosa per mancanza di volontà sufficiente senza che la desideriate il più fortemente possibile e manifestiate questo desiderio sotto forma di una forza impellente e potente. Non dovete solamente *voler* fare o possedere una cosa, ma dovete volerlo fortemente. *Dovete volerlo come l'uomo affamato desidera il pane, come colui che sta per affogare desidera l'aria. E se farete sorgere in voi questo violento, ardente, inappagabile, vitale desiderio, metterete in opera una delle forze più potenti della Natura*».

Ciò che abbiamo raccontato comunque non è che la metà della storia. Se l'uomo non fosse che l'automa mosso dalle forze dei propri desideri e non fosse in grado di controllare o di creare questi ultimi, non sarebbe altro che uno schiavo; mentre egli deve e può essere il padrone: questo è ciò che afferma appunto la nuova psicologia. Solo considerando i due aspetti potrà essere conseguita l'intera verità. Allo stesso modo che l'uomo è spinto da un grande potere movente mentale, cioè dal desiderio, così può originare, accrescere, incoraggiare, aumentare, reprimere o soffocare il desiderio stesso, servendosi della forza della propria immaginazione e volontà. Per molti quest'ultima affermazione costituirà un fatto sorprendente; consideriamo ciò che a tal riguardo affermano le maggiori autorità.

Dice Halleck: «*L'antecedente necessario del desiderio è un'immagine rappresentativa della cosa desiderata.* Un fanciullo chiede una pesca. Egli non potrebbe desiderarla se non avesse mai udito parlare o avesse visto delle pesche. Se vedendo a prima vista una pesca l'acchiappasse, un tale movimento sarebbe irriflessivo, istintivo od impulsivo. Il desiderio della pesca non può sorgere nella mente del fanciullo finché questi non se ne sia fatta un'idea rappresentativa. E' stato spesse volte affermato che non vi può essere desiderio se non vi è conoscenza e che il desiderio stesso aumenta proprio con l'aumentare della conoscenza. Un ragazzo vede un nuovo giocattolo e lo vuole. Un individuo osserva le migliorie fatte alla casa del confinante e le desidera. Una nazione viene a sapere che un'altra ha una nave da guerra di un modello superiore ed immediatamente desidera possederne una simile e migliore. Uno studente vede una nuova enciclopedia e subito in lui sorge il desiderio di possederla. Un tale, tornando da un viaggio in paesi stranieri, narra agli amici le meraviglie che ha visto e subito in questi ultimi aumenta il desiderio di viaggiare. E' la conoscenza a far sorgere il desiderio, ed il desiderio indica alla volontà il sentiero d'azione. Tutti gli oggetti o le idee da essi derivanti non risvegliano il desiderio nel medesimo grado, in quanto non tutti stimolano allo stesso modo il sentimento. Si può affermare, in linea generale, che il desiderio è proporzionale alla quantità di piacere o di dolore rappresentata dall'idea... L'idea di una cosa *vicina* talvolta risveglia un desiderio assai più forte di quello che può suscitare una cosa *lontana*».

Quindi da ciò che abbiamo sopra detto possiamo trarre la conclusione che prima di sentire il desiderio di una cosa dobbiamo averne la *conoscenza*. Ne consegue che tanto maggiore ed esatta sarà la conoscenza che abbiamo dell'oggetto desiderato, altrettanto maggiore sarà il grado di desiderio ridestato in noi. In questo sta la chiave dell'effetto prodotto dall'idealizzazione di un oggetto; idealizzazione di cui abbiamo già trattato in un capitolo precedente. Ci sarà quindi comprensibile la *ragione* del fatto che se ci formiamo un'*idea chiara* di un determinato fine del desiderio, con ciò tendiamo ad accrescere in maniera considerevole l'intensità del desiderio stesso. Se in noi vi è il desiderio di possedere un bel quadro, una casa piena di comodità, confortevole, una buona posizione nel campo del lavoro, più apprenderemo a conoscere i vantaggi e le virtù di tali cose, tanto più chiaro riusciremo a conservare l'*ideale* e tanto maggiore sarà il grado di desiderio in noi destato. Più realizziamo la bontà di una cosa, più la desideriamo e maggiore sarà il grado di *richiesta* che nascerà in noi. Come avete avuto modo di constatare, quindi, nell'idealizzazione dell'oggetto del desiderio stesso consiste proprio il primo passo per creare, accrescere o rinforzare il desiderio.

Partendo dall'idealizzazione ed oltrepassandola, compiamo un ulteriore passo per raggiungere la visualizzazione, cioè ci formiamo l'immagine mentale dell'oggetto desiderato e di noi stessi come possessori di quest'ultimo. E vediamo ora se anche in questo passo sono con noi d'accordo le maggiori autorità della materia.

Dice Halleck: «Nel più elevato tipo d'azione, la volontà può muoversi solamente verso un'idea. Ogni idea che diventa un oggetto di desiderio è un movente. E' vero che la tendenza della volontà è volta verso un movente maggiore, cioè verso l'oggetto che sembra più desiderabile; ma la volontà, *tramite attenzione volontaria,* mette l'energia in un'idea movente e in tal modo la rinforza. Non è possibile concentrare a lungo l'attenzione su un'idea senza che si sviluppi un interesse positivo o negativo, attrazione o repulsione. Si può da parte nostra affermare il fatto che la volontà determina quale sarà il movente che prevarrà sugli altri, scegliendo le idee che occuperanno il campo della coscienza. Abbiamo constatato che in presenza di idee sorgono emozione e desiderio; ed anche che la volontà esercita la sua influenza nel trattenere o nel respingere una determinata idea. Se teniamo presente dinanzi alla mente un'idea, un desiderio ed un forte movente possono far capo ad essa. Se si fa strada un'altra idea, il potere della prima diminuisce. *Macbeth e sua moglie più tenevano davanti agli occhi l'idea della fama e del potere che il trono avrebbe loro conferito,* e più forte si faceva il desiderio di uccidere il re; alla fine il desiderio fu tanto potente da non essere più dominato. Comunque essi furono ritenuti responsabili per aver *alimentato il desiderio.* Se avessero con risolutezza e volontà pensato ad altre cose, quel desiderio si sarebbe senz'altro indebolito. Un individuo può tenere con sé un leoncino, alimentarlo, crescerlo con la massima cura; avvertendolo del pericolo potrà rispondere: "Guardate, sono in grado di gettare questo leoncino da una parte all'altra della stanza; potrei ucciderlo con un colpo solo di questa sbarra di ferro. Sono troppo forte per aver timore di lui". Egli quindi continuerà a nutrirlo finché, cresciuto, il leone diventerà tanto forte da poter assalire ed uccidere il suo padrone. Lo stesso avviene precisamente per colui che alimenta dentro di sé un desiderio malvagio, illudendo ed ingannando se stesso. Col tempo accadrà che la sua volontà verrà totalmente dominata da tale desiderio».

L'esempio notevole del leoncino proposto da Halleck si sarebbe potuto applicare ugualmente alle idee e desideri benefici quanto a quelli nocivi. Allo stesso modo che i desideri cattivi possono essere e sono incoraggianti, accresciuti e rinvigoriti «se alimentati» da immagini e quadri mentali appropriati; altrettanto si possono rinforzare e coltivare i desideri buoni «alimentandoli» con immagini e quadri mentali adeguati ad essi. Come tutte le altre leggi della natura, anche l'idealizzazione opera in ogni direzione, sia essa buona o cattiva.

Lo scopo quindi dell'esercizio costante della visualizzazione è di sviluppare, accrescere e rinforzare qualsiasi desiderio particolare. Altrettanto lo sviluppo di qualsiasi desiderio negativo, può essere prevenuto e ritardato con l'esercizio della visualizzazione del desiderio positivo opposto. Il nutrimento con cui «alimenterete» il desiderio sarà tanto più grande, quanto maggiore sarà il grado di chiarezza che sarete capaci di porre nella visualizzazione del vostro quadro mentale. Nella mente subcosciente verranno prodotte dal vostro quadro mentale delle impressioni della cosa da voi desiderata; sarà un seme di desiderio che germoglierà, crescerà e nell'avvenire mostrerà i suoi buoni o cattivi frutti.

Sperimenterete, se lo vorrete, la verità di quanto qui

affermato pensando a qualche genere di cibo preferito. Tenendo dinanzi al vostro occhio mentale l'immagine della cosa desiderata, vi accorgerete che il desiderio per essa aumenterà in modo tale da divenire in poco tempo una vera bramosia, alla quale sarà assai difficile che possiate resistere. La stessa cosa accade per tutto ciò che potrete desiderare; più chiaramente vi rappresenterete l'oggetto, più vi immaginerete suo possessore e più si accrescerà in voi il desiderio di possederlo.

Rileggetevi ciò che abbiamo detto, in uno dei capitoli precedenti, a proposito della visualizzazione, ed applicate i metodi ivi raccomandati per originare l'accrescimento e l'intensificazione del desiderio. Il desiderio è il fuoco che crea il vapore dell'azione e la visualizzazione è l'olio che viene versato sulla fiamma.

Un altro passo, il terzo, cioè quello dell'azione idealistica viene applicato pure allo sviluppo e all'intensificazione del desiderio. Maggiormente si agisce sul desiderio, nel senso del raggiungimento, cioè verso il punto della realizzazione, e più si è inclini ad incoraggiare quel desiderio stesso. E ciò non solo perché attraverso i nostri sforzi se ne *aguzza l'appetito* ma anche in quanto si *stabilisce l'abitudine* di quel desiderio. Tanto negli animali quanto nell'uomo, non vi sono desideri più intensi di quelli stimolati dal sentimento e dall'emozione *durante una caccia* ad un qualsiasi oggetto. Già da lunghissimo tempo viene riconosciuta come una verità evidente che «il piacere della caccia oltrepassa quello della cattura della preda» o che «la gioia della aspettativa è superiore a quella della realizzazione». Tutti coloro che hanno provato il palpito della caccia potranno ben comprendere che il desiderio è assai acuito ed intensificato dall'inseguimento attuale e dallo sforzo per l'azione attiva presa nell'inseguimento dell'oggetto del loro desiderio. Non c'è alcuno che provi un appetito tanto vorace come colui che deve recarsi a cacciare o a procurarsi il cibo. Il gusto che prova del cibo l'uccello da rapina è assai superiore del gusto dell'uccello che lo riceve dall'uomo... Lo stesso si verifica nelle piante e negli animali carnivori. Lo stesso avviene tanto sul piano fisico che su quello mentale. Il desiderio che l'amante prova per il possesso dell'affetto della donna amata, viene enormemente accresciuto dalle difficoltà che si frappongono e che lo costringono a combattere per giungere alla realizzazione del suo sogno. Se uno scolaro per conseguire un premio dovrà fare dei grossi sforzi, il desiderio di raggiungere tale premio sarà assai più forte. Vi è un qualcosa nella natura di ogni essere vivente che rende il fuoco del desiderio tanto più ardente quanto maggiori sono gli sforzi che esso deve compiere per soddisfarlo, in special modo se ha avuto un potente impulso nei confronti dell'oggetto desiderato. Se mostrerete ad un cane una palla od un bastone incitandolo ad acchiapparlo, noterete che ad ogni salto verso l'oggetto desiderato l'eccitazione e la bramosia si accresceranno.

E' una comune constatazione che il desiderio per un oggetto viene intensificato nell'individuo, «allorché per ottenerlo lo si fa lavorare». Ciò nasce dall'azione e dalla reazione fra il fisico e la mente, ciascuno di essi cerca di produrre eccitamento nell'altro. Inoltre ogni sforzo ha la tendenza a formare un sentiero mentale o sentiero dell'abitudine, che viene preferito come percorso dal desiderio.

Per questo, se vogliamo incitare, accrescere, ed «alimentare» il desiderio è necessario che da parte nostra si metta in pratica oltre la visualizzazione e l'idealizzazione anche l'azione idealistica. Dovremo «mantenere fermamente il pensiero»; dar vita e conservare in modo assai chiaro l'immagine mentale e quindi *manifestare il pensiero ed immaginarlo nell'azione.* In questo modo l'azione intensifica il desiderio che assume quindi la tendenza a manifestarsi in attività sempre più vaste. In tale maniera sono assicurati, negli effetti combinati delle forme interne ed esterne del desiderio, il grande potere della mente. Il primo principio della triplice chiave del conseguimento quindi è il *desiderio intenso.* Da parte vostra occorre che vi sforziate di svilupparlo e quindi di preservarlo.

CAPITOLO SESTO

ATTESA FIDUCIOSA

La «triplice chiave del conseguimento», come abbiamo fin qui visto, si compone di: 1. *desiderio intenso;* 2. *attesa fiduciosa; 3. volontà persistente.*

Abbiamo ora considerato il primo elemento, il desiderio intenso; occupiamoci quindi del secondo.

Attesa fiduciosa. Si trovano in questo elemento una combinazione di stati mentali che vanno rispettivamente sotto i nomi di: fede, speranza ed entusiasmo; ognuno di essi ha in sé la forza di originare e mantenere l'energia e tutto ciò che può servire di stimolo per agire. Solamente tramite uno studio accurato di tutte le parti che costituiscono le qualità psicologiche dell'elemento in questione, potremo avere una chiara conoscenza di dette qualità. «Consenso della mente a ciò che le viene affermato e mostrato; fiducia o sicurezza; credenza ferma ed ardente» ecc.: tutto questo è appunto *fede.* Sebbene essa, qualora non sia sostenuta dalla ragione e dalla capacita di discernimento, possa facilmente degenerare in cieca credenza e fiducia irrazionale e quindi sia preferibile evitarla, di contro, se è basata e sostenuta dalla ragione e dal discernimento, è una qualità mentale del tutto positiva e spinge l'individuo ad attività che sarebbero impossibili senza la sua presenza, salvo che un individuo creda in una data cosa per la quale gli è impossibile manifestare speranza ed entusiasmo e senza questi elementi la riuscita nella vita è assai rara. Non potremo mai aprirci una strada nella vita se non nutriremo in noi stessi fiducia.

E proprio la fiducia in se stessi è la qualità più notevole in un uomo che ha conseguito il successo in uno o in più campi di attività. Gli uomini che solitamente si ritengono fortunati hanno sempre una fede radicata ben profondamente nelle proprie qualità di riuscita.

Se pur essi riconosceranno che vi sono individui più intelligenti di loro, tuttavia avvertono che in loro stessi vi è una qualche cosa che li condurrà al successo, «qualcosa che in un modo o nell'altro li porterà sempre più avanti». Alcuni fra questi individui sembrano avvertire che «questo qualcosa» è al di fuori di loro, ma che lavora attraverso di loro. Qualunque sia il nome con cui lo individueranno: «destino», «fortuna», «la loro stella» od altri ancora, il principio sarà sempre lo stesso. E' sempre una fede in loro stessi ed in ciò che si trova dietro di loro. Il modo migliore con cui noi rappresentiamo questo sentimento per il quale non abbiamo espressione migliore è: *«Io posso e voglio»*. La sfiducia in noi stessi è quella che produce maggior danno, esercitando un'influenza negativa, deprimente, mortale e dà luogo allo stesso effetto di una coperta bagnata gettata sul fuoco per soffocarlo.

Per conseguire il successo comunque occorre assai di più che la fede in noi stessi. Occorre aver fede nell'oggetto della nostra impresa e nei nostri sforzi. E' soprattutto necessario credere in ciò che vogliamo portare a compimento. Non possiamo attenderci la fiducia degli altri se noi per primi non crediamo nella nostra impresa. Tanto nella fiducia che nella sfiducia vi è un certo che di contagioso. Gli altri recepiscono lo spirito di ciascuno di questi elementi e ne vengono influenzati. Il mondo crede in colui che ha fiducia in se stesso; ma non crede in colui che non ne ha. E l'uomo che perde la fede nelle proprie imprese, non solamente impressiona sfavorevolmente il prossimo, ma sbarra anche il passaggio alle idee e alle suggestioni preziose che potrebbero essergli della massima utilità e che arrivano a lui attraverso i sentieri della mente subcosciente. La mente subcosciente riceve le proprie suggestioni ed opera in conformità di esse.

La *speranza,* purché basata sulla ragione ed il discernimento, è un'altra qualità positiva. *Ottimismo* è il termine usato per indicare questa qualità mentale. Giustamente venne affermato che «l'ottimista dentro alla polpa vede il nocciolo, mentre il pessimista non vede che il foro». Ed ancora più giustamente: «Il pessimista dice a che scopo? E l'ottimista che cosa c'è di strano?». Quando in un individuo si spegne la speranza, si spegne quasi sempre anche la sua energia. L'essenza dell'attesa fiduciosa è rappresentata appunto dalla speranza che si pone come anello di congiunzione fra la fede e l'entusiasmo. Essa si spinge in avanti ed in alto verso il suo ideale e si sforza di realizzarlo e di manifestarlo. Si basa sulla fede e sulla sicurezza ed ha anche in sé il principio animatore dell'entusiasmo. Essa oltre a credere in una determinata cosa *compie tutte le sue azioni in conformità di tale credenza.* Vede le cose come manifestazioni dei desideri dell'individuo, crede al loro mostrarsi con fermezza e di conseguenza agisce conformemente ai risultati che si attende. E' l'espressione attiva e la fase del desiderio. Essa, nello stesso tempo, imprime l'ispirazione e la spinta.

Dice William James: «Un'immagine che anticipi la conseguenza sensoria di un movimento, più la speranza che questa conseguenza si realizzi, è il solo stato psichico che l'introspezione ci permette di discernere come il precursore dei nostri atti volontari».

Dice Halleck: «Controllare le idee: è questo il secondo passo nello sviluppo della volontà. Il potere principale della volontà sviluppata è l'attuazione. Ciò che dà vigore all'idea è l'attenzione: vigore che è solo incentivo verso altri poteri. Così, in questo modo, la volontà mette alcune idee in prima linea, per cui facilmente prevalgono nella lotta per aprirsi la via; mentre altre vengono poste alla retroguardia con il distogliere da queste ultime la propria attenzione. Colui che è in grado di disporre in questo modo delle idee che gli si presentano alla mente, possiede una volontà assai ben sviluppata». L'importanza rivestita da ciò che abbiamo qui esposto, si scopre in maniera facile prendendo in considerazione il principio psicologico dell'«attenzione fiduciosa», in cui la speranza e la fede sono unite agli ordinari processi dell'attenzione. Affinché si possa conseguire un risultato che segni un grosso passo in avanti per il conseguimento dello scopo che ognuno di noi si è prefisso, è necessario che l'attenzione venga fissata con fiducia su un'idea o su di un oggetto; in questo modo tutti i poteri mentali si concentrano su quello stesso oggetto o su quella stessa idea.

Kay afferma: «Allorché ci accingiamo a ricercare un oggetto, se davanti ai nostri occhi ne teniamo ben delineata e nitida l'immagine, possiamo quasi essere sicuri di trovarlo e forse in un posto dove altrimenti, in diverse condizioni, non l'avremmo trovato. Allo stesso modo, quando il nostro pensiero è fermo su di un oggetto, immagini di cose ad esso somiglianti o ad esso riferentesi, si affollano da ogni parte. Così come è stato detto per l'occhio, possiamo affermare per la mente: essa percepisce solamente ciò che può essere percepito».

Dice John Burroughs: «Nessuno, se non la avesse

avuta nella propria mente, avrebbe potuto trovare la falce ambulante. Colui che nella sua mente ha un'infinità di immagini di reliquie indiane, le raccoglie da ogni parte, le riconosce assai facilmente in quanto l'occhio ha l'incarico di cercarle».

Dice Kay: «In tutti gli affari della vita è della massima importanza avere un'idea chiara ed accurata di ciò che desideriamo fare e del come lo dobbiamo effettuare. La condotta di un individuo si modella naturalmente sulle idee esistenti nella sua mente; e non c'è niente nella vita che contribuisca in maniera migliore al successo quanto il possedere un elevato ideale e il tenerlo presente ogni momento. Se questo è il caso, sarà raggiunta quasi certamente la meta. Si noterà che molte inattese circostanze saranno propizie per il suo raggiungimento, ed anche ciò che all'inizio appariva ostile, molto probabilmente si cambierà in un mezzo favorevole; ed il fatto di tenere sempre presente dinanzi all'occhio della mente il proprio ideale, ci metterà in condizione di afferrare con prontezza ogni occasione favorevole che si presenti».

Come afferma Carpenter: «La costante concentrazione su una determinata idea, imprime a questa un potere dominante, non soltanto sulla mente ma anche sul corpo». E dice Tanner: «Il credere con fermezza è sinonimo di "raggiungimento del fine". Abbiamo degli esempi straordinari che dimostrano quale sia l'influenza della volontà finanche sui muscoli involontari».

Dice John Foster: «E' stupendo constatare come gli ostacoli stessi della vita sembrino piegarsi dinanzi ad un individuo che non sia disposto a sottomettersi ad essi; e come questi finiscano coll'essere di aiuto allo scopo, anziché essere un impedimento come si erano mostrati in principio... E' assai interessante notare come l'ambiente divenga meno ostile e lasci una maggiore facoltà di agire in modo più liberale, allorché si trova di fronte ad uno spirito fermo e deciso». Maudsley sostiene: «Spesso le aspirazioni sono profezie, segni precursori di quanto un uomo sarà capace di mettere in pratica».

Possiamo rilevare, dalle suddette citazioni, l'effetto vigoroso dell'*attenzione fiduciosa*, attenzione fusa con la fiduciosa attesa o speranza. La semplice attenzione è una potente forza psicologica e quando essa è fusa con l'attesa piena di speranza, diventa quasi irresistibile. L'attenzione è l'essenza della volontà; e la speranza è una della più positive emozioni: dimodoché nell'accettazione fiduciosa troviamo una combinazione di entrambe le forze mentali: movente ed emotiva.

Il potere della sola attenzione potrà essere efficacemente illustrato dalla seguente citazione di Halleck, il quale afferma: «Le idee divengono più chiare ed il loro potere movente si accresce con la concentrazione. Se abbiamo due idee della stessa intensità, e concentriamo l'attenzione sù una di esse, ben presto noteremo come questa aumenta di potere. Prendete la sensazione prodotta da due dolori fisici corporali e fissate l'attenzione su uno di essi. Tale idea accrescerà il proprio potere movente finché molto probabilmente si spingerà ad agire in un modo diretto ad alleviare quel particolare dolore, mentre l'altro sarà relativamente trascurato. Se, da principio, il nostro desiderio sarà rivolto con la stessa intensità verso diverse cose, ad esempio una bicicletta, una macchina per scrivere o una serie di libri, alla fine il desiderio maggiore si fisserà su quell'oggetto su cui più fortemente si è concentrata la nostra attenzione». Così potrà acquistare un potere maggiore sugli altri due l'idea della bicicletta; oppure se manteniamo fermo il pensiero sull'utilità che avrebbero per noi i libri, l'azione si muoverà verso quella direzione.

Molteplici discussioni sono state fatte per appurare se il potere della volontà è qualcosa di più dell'attenzione volontaria; comunque non è stato contestato il fatto che tale attenzione sia l'elemento più importante della volontà. Affinché le nostre azioni si dirigano verso una data idea piuttosto che verso un'altra, è opportuno che da parte nostra venga abbandonata una di esse e che con la volontà concentriamo la nostra attenzione sull'altra. Alla base di ogni atto superiore della volontà si trova la forza motrice così sviluppata in rapporto all'idea dominante. Aggiungendo a questo il potere della forza dell'*attesa fiduciosa* si riporterà un accrescimento immenso del potere della volontà.

Una qualità particolare della mente, definita da alcuni studiosi come potere *spirituale* è l'*entusiasmo*. L'antica idea greca di ispirazione dette origine al vocabolo dal quale sorse la parola «entusiasmo», il cui significato in senso letterale è: «essere ispirati; essere posseduti dagli dei». Nel suo significato più antico: «ispirato da un potere superumano o divino; estasi». Nelle epoche seguenti il suo significato, secondo la definizione di Webster fu: «Ardente ed infiammato potere dell'anima; zelo od interesse ardente ed immaginativo; vibrante manifestazione di gioia o di ardore, ecc.». Un'altra autorità fornisce la seguente definizione: «Zelo ardente nel perseguimento di qualsiasi obiettivo; completo possesso della mente da parte di un qualsiasi soggetto; elevazione della fantasia, viva immaginazione; esaltazione delle idee».

Più semplicemente, l'entusiasmo è il desiderio intensificato dalla fede e dalla speranza, fino al conseguimento del fiero ardore, del fervore e dello zelo. Esso trae la sua origine dalla fase emotiva della mente e dalla fusione con la facoltà dell'immaginazione e con la volontà. Nell'entusiasmo il subcosciente è collegato al cosciente; all'immaginazione e alla volontà si unisce l'emozione. L'*ardore intenso* è una manifestazione dell'entusiasmo equilibrato dalla ragione e dal discernimento. Questo ardore è un fattore molto importante nella realizzazione di qualsiasi impresa che venga coronata dal successo; è contagioso e desta interesse ed attenzione nella mente di coloro con i quali colui che lo possiede viene in contatto. Ciò che differenzia l'entusiasmo dal semplice interesse intellettuale è il fatto che in esso vi vengono implicati dei sentimenti; la forza della natura prorompe per trovare un collegamento col potere dell'intelletto e della volontà. L' entusiasmo è ritenuto un elemento di grandissima importanza nella manifestazione di quella particolare qualità che va sotto il nome di «magnetismo personale». Esso si richiama all'altrui mente, talvolta con una forza a cui è quasi impossibile resistere. E' la base di ciò che chiamiamo il *sentimento* di un oratore, di un attore, ecc. Alcuni individui vengono definiti vivi proprio in quanto posseggono tale qualità: coloro che ne difettano, infatti, sono definiti *morti* o *privi di vita.*

Durante una discussione sull'entusiasmo inteso come magnetismo personale, uno scrittore del secolo scorso, affermò giustamente: «Ciascuno di noi emana un'aura, una sfera od un'aureola profusa della vera essenza di noi stessi; lo sanno i sensitivi e allo stesso modo ne sono consapevoli i nostri cani od altri animali prediletti; la percepiscono un leone o una tigre affamati e finanche le mosche, i serpenti e gli insetti come ci è ben noto, per esperienza. Alcuni sono magnetici, altri non lo sono. Vi sono individui ardenti, magnetici che ispirano simpatia ed amicizia; di contro ve ne sono altri freddi, intellettuali, pensosi, pieni di logica ma privi di magnetismo. Se un uomo colto di quest'ultimo tipo tiene una conferenza, la sua orazione intellettuale annoierà ben presto i suoi ascoltatori che daranno evidenti segni di sonnolenza. Egli parlerà agli uditori ma le sue parole non provocheranno un'eco interiore nel pubblico; egli farà pensare gli ascoltatori ma non sentire e ciò per la gran parte di essi risulterà assai noioso; pochi oratori se cercheranno solamente di far pensare potranno ottenere successo; il desiderio del pubblico è di *sentire*. Chiunque spenderà volentieri per riportare sensazioni allegre o tristi; ma non sacrificherà neppure una lira per ascoltare un discorso od un ammaestramento che lo induca a pensare. Se in contrapposizione ad un uomo colto del tipo suddetto, abbiamo un individuo, sia pure di cultura mediocre, ma assai cordiale, simpatico e armonioso, con nove decimi della logica e dell'erudizione del primo, noteremo che questi trasporterà con la massima facilità il pubblico che si terrà ben sveglio e farà tesoro di tutte le buone parole che verranno da lui pronunciate. La ragione è chiara ed evidente. E' il cuore che si contrappone alla testa; l'anima alla logica; e l'anima sarà sempre la vincitrice».

Se qualcuno è scarso d'entusiasmo e avverte la necessità di svilupparlo dentro di sé, vorremmo dare questo consiglio: soffiate sul fuoco del desiderio per trasformarlo in una fiamma ardente secondo gli insegnamenti già mostrati; unite a questo gli elementi della fede e della speranza e senza dubbio se ne riceverà un risultato di *entusiasmo* e di *ardore*.

Fede, speranza ed entusiasmo, come abbiamo già detto, sono i tre elementi che compongono l'attesa fiduciosa. Essa si pone come anello di congiunzione fra il desiderio intenso e la volontà persistente; i tre componenti della «triplice chiave del conseguimento». Se in voi non è molto sviluppata, coltivatela e accrescetela servendovi dei metodi già illustrati e cioè: idealizzazione, visualizzazione ed azione idealistica. Formate l'ideale; fatene un quadro mentale visualizzato, e in se guito rappresentate, esprimete l'ideale visualizzato. Concentrate i vostri pensieri sulla cosa desiderata, vedetela con gli occhi della mente e manifestatela poi nell'azione fino a che non abbia acquisito il carattere di abitudine. Coltivatela nei suoi elementi separati: prima la fede, poi la speranza e infine l'entusiasmo. Coltivate un atteggiamento ottimistico. Chiedete con fermezza e quindi attendete con fiducia ciò che desiderate. Agendo in questo modo porrete in azione il più attivo e forte fra i princìpi psicologici, princìpi che sono alla base della maggior parte delle attività della nostra vita. Per ciascuno di noi vi sarebbe ben poco da fare senza l'attesa fiduciosa e senza i suoi elementi.

Non si creda che l'attesa fiduciosa sia un destino cieco o una credenza o una fede irrazionale, essa prende origine dalla fusione dell'intelletto con la volontà ed il sentimento, il subcosciente ed il cosciente. In breve si può condensare in questa frase: «Se siete certi di trovarvi sulla retta via, proseguite». E' possibile che si manifesti anche per mezzo dell'esame e la considerazione scettica e pessimistica di un piano, ma una volta adottato tale piano essa si mostrerà sempre in una attesa entusiastica, fiduciosa, ardente di ottimismo. La sua nota fondamentale sarà sempre: «Io posso; io voglio; io oso; io faccio!». Essa è stata infiammata dal fuoco del desiderio intenso e tutte le sue manifestazioni pratiche avverranno sempre tramite la volontà persistente.

CAPITOLO SETTIMO

VOLONTÀ PERSISTENTE

Prendiamo adesso in esame il terzo elemento della triplice chiave del conseguimento, ovvero *la volontà persistente*.

Per *volontà* si intendono tutti i molteplici fenomeni mentali e il campo della sua applicazione è tanto vasto da non potersi definire esattamente. Una prima classificazione delle molteplici attività della volontà è stata fatta dividendo queste attività in tre categorie generali e più precisamente: lo stadio del *voler raggiungere* o *desiderio-volontà;* lo stadio della *scelta determinata* o *volontà che decide* e lo stadio dell'*azione* che consegue dai due stati precedenti o *volontà* d'azione.

Lo stato preliminare del desiderio e la sua deliberazione esiste in quanto conduce all'*azione,* e qualsiasi sia la manifestazione di quest'ultima essa è la vera essenza e lo scopo ultimo della *volontà*.

Halleck sostiene che c'è un diretto e stretto rapporto tra *volontà* ed *azione* e per quanto complesso possa apparire il procedimento, non si deve mai dimenticare questo rapporto. Durante tutta la nostra vita siamo sempre provvisti dell'attività della *volontà,* non passivi e pronti ad accettare qualsiasi cosa, anche se la nostra volontà si limita a certe specie di azioni. Non è cosa facile quindi distinguere tra volontà e sentimento, anche perchè i diversi poteri mentali agiscono in stretto rapporto tra loro e spesso sembra che non ci sia alcuna diversità tra i due processi del *sentimento* e della *volontà*.

Sono due differenti esperienze che possono aiutarci nel distinguere; spesso proviamo dei sentimenti che non portano a nessuna azione definita perchè svaniscono senza lasciare traccia e non incidono nel campo dell'azione; ma altre volte il sentimento di sofferenza verso persone povere o ammalate ci induce a lasciare la comodità della nostra casa per recarci fuori, magari con un tempo pessimo, per recare loro aiuto o conforto. In questo ultimo caso vi è l'elemento aggiunto della *volontà* che nel primo caso non era presente in modo insistente; quindi ogni volta che vi è uno stato emozionale vi è anche un elemento motore che tende a tradurre questa emozione in azione, ovvero la volontà. Il potere attivo della volontà è quello che ci porta a percuotere qualcuno se la collera si impadronisce di noi o ci porta ad aiutare il prossimo quando proviamo un sentimento di gratitudine. Questo sentimento volitivo è altrettanto presente, anche in emozioni nelle quali non lo si avverte neppure.

Quando la *volontà* si pone in azione e localizza l'intera forza mentale abbiamo il manifestarsi della *volontà persistente.* La qualità della persistenza si manifesta con la *perseveranza* di fronte agli impedimenti e agli scoraggiamenti, risolutezza e decisione dinnanzi a opposizioni e impedimenti costanza e ferma decisione nell'effettuare un piano, un affare ideato e cominciato; tenacia, perseveranza, fermezza di propositi. Le qualità della continuità e della fermezza, ovvero la *risolutezza* e la *perseveranza* si riuniscono e concretizzano nella *persistenza,* e la *volontà* agisce con forza sullo scopo prefisso, vi si trattiene sino a quando non si raggiunge la completa vittoria e molte volte è dalla capacità di saper persistere che si ottiene il successo. Talvolta gli uo-

La volontà di successo

mini pur avendo lottato nel modo migliore si sono visti sconfitti, non dai loro rivali o dalle circostanze, ma dalla mancanza di persistenza che non ha loro permesso di resistere sino a quando un capovolgimento della situazione li avrebbe fatti vittoriosi.

Molti grandi pensatori hanno espresso con delle citazioni il valore e le caratteristiche della *volontà persistente* e noi crediamo opportuno sottoporle alla vostra attenzione in quanto serviranno a stimolare la vostra energia e la vostra ambizione.

Harriet Beecher Tower afferma che «proprio quando tutto è contro di noi e crediamo di non poter più resistere, è il momento di non cedere perché in quel preciso momento potrebbe cambiar la situazione». Harry Ward disse di «non temere la sconfitta, in quanto è nella sconfitta che si forma l'uomo, e le sue cartilagini diventano muscoli e le sue ossa granito, e non si è mai tanto vicini alla vittoria come quando si subisce una sconfitta per una buona causa». D'Alembert consiglia di proseguire sempre perché «le difficoltà che incontrerete si risolveranno da sole man mano che avanzerete nel vostro cammino»; Emerson sostiene di non conoscere alcuna manifestazione di una mente elevata che possa superare la tenacia di proposito che, nonostante i cambiamenti di fortuna, di partiti, di compagni, non subisce mai mutamento, non si lascia abbattere e arriva alla meta superando l'opposizione. John Hunter affermò che «se un uomo si lascia abbattere dalle contrarietà e dagli ostacoli, otterrà ben poco dalla vita, ma se quell'uomo *volesse* davvero conquistare qualcosa, sicuramente arriverebbe in porto». Simpson sostenne che «cose che sembrano impossibili a realizzarsi al debole e al timoroso sono invece facile meta per chi sia sostenuto da un desiderio ardente e da una volontà instancabile». Un noto scrittore francese diceva che «non bisogna lasciarsi trascinare di qua e di là come foglia al vento, ma bisogna *voler fortemente* e con decisione perché la *volontà* diviene facilmente un'abitudine». Un altro autore assai conosciuto sosteneva che «l'intendimento a raggiungere qualcosa spesso vuol dire riuscire, perché pensare di essere capaci vuol dire quasi di esserlo, e decidere di fare una certa cosa, significa attuarla, in quanto attraverso la decisione stessa si assicura la riuscita».

Sembra quindi che le decisioni prese seriamente posseggano qualcosa di onnipotente. Napoleone Bonaparte spesso citava questo motto: «Una decisione risoluta è la più vera saggezza». Un altro autore ancora sosteneva che una seria ed intensa applicazione rende *realtà* la possibilità e spesso i desideri sono i pionieri delle azioni che potremo compiere; la lotta attiva della volontà è quella che permette all'uomo il progresso, vincendo con lo sforzo il conflitto con le difficoltà quotidiane. La *volontà* quindi pone l'uomo in condizione di realizzare ciò che desidera e progetta. Uno scrittore valente ebbe a dire che «chi tralascia le cose, rinuncia ad esse, chi si ferma viene superato da un altro che procede, chi finisce di crescere diminuisce, chi tace e sta in silenzio viene dimenticato, perché vivere significa raggiungere, desiderare, volere senza sosta, mentre fermarsi vuol dire iniziare la fine della vita, precedere la morte». Marden dice che «quello che può ottenere e raggiungere il *potere* della *volontà* è cosa incalcolabile e nulla può sembrare impossibile a chi sappia persistere e volere con fermezza poiché la *volontà* e la sua energia è l'anima di ogni carattere veramente grande, e dove essa è presente vi è vita, coraggio e forza, ove è carente o manca vi sarà impotenza, debolezza e scoraggiamento».

Ancora Emerson così si esprimeva a proposito della volontà: «Credendo nei forti vincoli del destino, procediamo seriamente dediti ai nostri ideali senza far nulla per salvare la nostra vita? Basta però un suono, un nome, una qualsiasi cosa per accendere in noi un guizzo lungo i nervi e accendere in noi la volontà; senza la vibrante determinazione non possiamo parlare di potere di realizzazione o di forza personale di qualsiasi genere».

Il potere della volontà — ebbe a dire Fothergil — è uno tra i risultati più squisiti dell'auto-cultura, un grande dono naturale; chi riesce piano piano ad elevarsi con successo vedrà crescere unitamente alle sue energie il potere della volontà a seconda dei suoi bisogni e se questo non avviene subito, presto o tardi il limite sarà raggiunto. Vi deve essere una forte volontà per superare ostacoli o conflitti, prontezza d'azione e forza di perseveranza. La volontà non sempre concede all'uomo qualità o valori ma sempre lo rende capace di sfruttare al massimo le sue possibilità. La via da percorrere può essere scura, irta di difficoltà, difficile e penosa, ma chi la percorrerà con perseveranza e lucida determinazione giungerà alla meta con successo. Un poeta assai noto così si espresse: «Né il caso, né il destino né il fato / possono ingannare, ritardare o controllare / la ferma decisione di un'anima risoluta...» e ancora: «Anche la morte stessa / si arresta e attende talvolta un'ora / per una tale volontà»; e infine: «Egli fa sorgere nel mio petto / la stella della volontà indomita / serena, risoluta, silenziosa / calma e sicura di sé...».

Sviluppare la volontà è, da parte di ogni uomo, lo sforzo migliore che possa compiere perché «educare la volontà è il fine della nostra esistenza» come ebbe a dire Emerson. E' dall'attesa fiduciosa e dal desiderio che sorge la *volontà persistente* e quando volete idealizzare questa volontà ricordate quel pezzo d'acciaio che spinge l'oggetto contro la mola dell'arrotino tenendolo così fermo e saldoche, poco a poco, l'oggetto assume la forma ideata dall'immaginazione, voluta dal desiderio e dalla ragione.

John Stuart Mill decretò che la *volontà* completamente formata crea un *carattere;* e uno scrittore di opere a carattere psicologico ebbe a dire che è della massima importanza che l'attenzione venga indirizzata a rinforzare e sviluppare la volontà, poiché non vi può essere una vera individualità di carattere, indipendenza, fermezza, senza di essa; e spesso un grande *potere volitivo* originario rimane latente per mancanza di uso adatto mentre un retto allenamento produce effetti miracolosi. Senza la volontà non potremo mai dare alla morale la giusta direzione, né sostenere la verità con la forza necessaria, e cadremmo in mano ad individui indegni che farebbero di noi i loro strumenti.

Per forgiare il nostro destino, nell'educazione dell'intelletto, è molto importante educare la propria volontà e non basterà mai assorbire leggi, teorie e dottrine per condurre all'abitudine la retta azione. Solo nel superare ostacoli impareremo a vincerli, e nell'obbedire alla coscienza e alla ragione impareremo ad obbedire, solo con l'azione impareremo ad agire; e nella formazione del nostro carattere avrà maggior peso ogni azione retta derivante, sia per autorità, per esempio o precetto, da princìpi puri.

Wirth disse che «chi prende una decisione ma si lascia convincere a cambiarla dalla prima controsuggestione di un conoscente, chi passa da una opinione ad un'altra, cambiando direzione ad ogni mutar di vento, chi esita sempre ed è sempre indeciso su quale delle due cose fare prima, non farà mai nulla di positivo. Soltanto chi, dopo aver ascoltato saggiamente, prende una decisione e con costanza inflessibile esegue il suo disegno senza provare timore o scoraggiamento per quelle difficoltà che fiaccano uno spirito più debole potrà giungere alla vetta più alta».

Emerson sostiene che l'uomo che identifica se stesso con la sua volontà è in grado di *trascinare;* poiché la volontà può trasformare soli e pianeti e può farli esplodere, dopo averli plasmati; in un certo senso essa è l'ordine elementare della natura, mari e spiagge, foreste, granito e sabbie e in altro senso è il pensiero, lo spirito che compone e scompone la natura stessa, godimento e spasimo, uno insieme all'altro nella mente dell'uomo, bene e male, mente e materia. L'esercizio della volontà ci viene insegnato in ogni momento; il fanciullo da quando entra in possesso dei suoi sensi a quando è in grado di dire «Sia fatta la Tua volontà» apprende il segreto di condizionare al dominio della sua volontà una intera serie di eventi, non soltanto quelli particolari, e adegua tutti i fatti al proprio carattere.

I doveri della vita — dice Halleck — spesso ci portano a compiere cose sgradevoli e questo richiede potere di volontà che solo gli uomini di carattere posseggono in quanto hanno una volontà ben coltivata. È sulla *volontà* che si basa la *stabilità* e un uomo instabile non sarà mai un uomo di carattere. La stabilità impone che si segua sempre una via ben definita, spesso assai difficile, senza alcuna deviazione.

Idealizzando la volontà persistente, e formandovi chiaro il concetto di questa parola, potrete sviluppare la *volontà* come qualsiasi altra qualità mentale. Formando nella vostra mente un chiaro concetto delle qualità e delle manifestazioni esterne della *volontà persistente* potrete quasi vederla, perché le parole avranno preso un significato vivente per voi. Potrete in seguito passare alla visualizzazione rappresentandovi come possessori della volontà persistente e quindi agire in conformità ad essa. Imparate a *vedervi* mentre manifestate perseveranza e pazienza, esercitandovi a questo molte e molte volte, nelle varie attività della vita, manifestando sempre la *volontà persistente.*

Questo pensiero ogni giorno deve essere portato alla superficie, sino ad assimilarlo completamente e a farlo vostro. Percorrete con il vostro pensiero, ogni giorno, i vostri sentieri mentali ed approfonditeli e con Goethe dite anche voi «Conquisterà la propria libertà ed esistenza, solo colui che lotta giornalmente per essa».

Per ultimo esercitate, nell'*azione idealizzata,* la volontà persistente e rappresentando la vostra parte manifestatela quando incontrate difficoltà e incidenti nel lavoro e nella vita giornaliera, sviluppando il muscolo mentale con esercizio costante. Percorrete il sentiero mentale che vi siete creato, tenendovi ben saldi a quello che avete iniziato, dopo serio ragionamento e ponderazione; fate che i vostri ideali diventino realtà e dopo aver acquistato la certezza di percorrere la giusta via procedete ancora. Così operando potrete accumulare una riserva di forza da usare quando ne avrete maggior bisogno e svilupperete di molto la vostra volontà.

È necessario compiere cose sgradevoli, esercitarsi a farle anche se non desideriamo farle — consiglia James ai suoi lettori — perché ciò serve a rinforzare la volontà, sviluppando il suo potere di resistenza che sarà molto utile in caso di necessità, ponendo un'assicurazione su di una proprietà in previsione alla possibile necessità futura di una riserva. Un individuo che leggeva con molta attenzione un trattato di economia politica, pur odiando profondamente quella materia, rispose a chi gli chiedeva perché la leggesse, che la leggeva appunto perché non gli piaceva: aveva così scoperto un prezioso modo di sviluppare la volontà.

Per avere una volontà ammaestrata a fronteggiare cose spiacevoli e sempre pronta a fronteggiare qualsiasi circostanza critica, nulla serve meglio che l'esercitarsi a fare cose spiacevoli, cosa che capita ogni giorno. Chi invece non compie questo sforzo e evita le azioni che non gli sono piacevoli, abitua la sua volontà ad essergli completamente inutile nel momento in cui si renda necessario uno sforzo grandissimo; uno sforzo duro ed improvviso non è cosa facile per nessun uomo, ma possedere un controllo della volontà ed una grande energia può facilmente e senza lotta apparente aiutare a superare ogni ostacolo. Napoleone possedeva questa forza di volontà ben controllata ed energia per superare qualsiasi ostacolo e riuscì sempre a portare la guerra nei paesi nemici, e trovandosi innanzi al grande ostacolo delle Alpi, le superò senza indugi, senza lamentarsi come avrebbero fatto altri al suo posto.

In un volume intitolato *La volontà* abbiamo trovato questa regola che ci sembra bene riportare qui di seguito: non si deve permettere alla mente delle diverse parti del nostro corpo o di tutto il corpo di fuggire con la mente del nostro cervello; bisogna prendere le nostre decisioni nella sede interna della mente senza curarci delle pretese o delle rimostranze di altri piani inferiori o esterni del nostro corpo, ritirarci nella camera di consiglio del nostro *io* per prendere le opportune decisioni, senza ammettere altre presenze estranee. Dopo esserci trattenuti qualche tempo nello spazio della volontà pura, prendere una determinazione ferma e risoluta, e agire in conformità ad essa senza lasciarsi distogliere da alcunché né abbandonare il sentiero che ci siamo tracciati, per proseguire diretti ed impavidi alla meta prefissa. Agiamo quindi perché la nostra ragione ci dice di farlo, e non perché *sentiamo* di farlo; perfettamente coscienti che questo non è un compito facile ed è solo per i più forti; per coloro che hanno scelto di appartenere alla classe più forte. Sta quindi a noi decidere in merito a ciò che vorremo fare in futuro, a quale classe appartenere, e la nostra volontà è pronta ed attende la nostra decisione, dato che noi saremo quello che avremo voluto essere. Sviluppiamo quindi la volontà persistente e potremo realizzare i nostri desideri.

CAPITOLO OTTAVO

SVILUPPO DELLE QUALITÀ POSITIVE

Ogni qualità mentale ha il suo opposto; l'amore ha l'odio; la dolcezza ha la durezza; la bontà ha la cattiveria e così via ed è questa particolarità universale che viene chiamata «la legge degli opposti» quella cioè che produce i poli opposti di una stessa cosa. Anche nelle qualità mentali necessarie al successo esistono gli opposti che conseguentemente ritardano o impediscono la realizzazione del successo. Definiremo quindi le qualità desiderabili come «positive» e i loro opposti come «negative».

Ciascuno trova facilmente in sé le sue qualità negative e le qualità positive quando si trova ad esaminarsi onestamente, e non occorre insegnamento particolare per riconoscere che l'onestà è qualità positiva mentre la disonestà è negativa; che la verità è positiva mentre la menzogna è negativa, che il coraggio è positivo mentre la viltà è negativa e così di seguito.

La considerazione che ogni qualità positiva ha il suo opposto negativo ci permetterà di accertarci di questa regola invariabile esaminando noi stessi; e ci permetterà inoltre di sviluppare una qualità positiva inibendo e frenando il suo opposto negativo, e potremo reprimere una qualità negativa intensificando e incoraggiando il suo opposto positivo.

Successivamente prenderemo in esame le qualità mentali che sono necessarie al conseguimento del successo e che bisogna sviluppare ed arricchire essendo

Accrescere le facoltà positive

qualità *positive*, e le altre *negative* che si devono frenare qualora siano troppo sviluppate in noi; non dimenticando che anche trattandosi di qualità *positive* vi è sempre il pericolo di un eccessivo sviluppo delle stesse che determinerebbe la *perversione*. D'altra parte anche le qualità negative possono diventare benefiche se sviluppate con moderazione e non esagerate; soltanto *evitando gli estremi* si potrà trovare la giusta soluzione al problema. Infatti osserviamo che la prudenza portata all'eccesso diventa indecisione ed esitazione, l'individualità diventa eccentricità e intolleranza, il coraggio diviene temerarietà; l'accumulamento diventa cupidigia e avarizia, la costanza e la fermezza diventano caparbietà.

Per sviluppare le qualità positive e reprimere quelle negative bisognerà seguire i consigli espressi e seguire i metodi indicati precedentemente usando perciò l'idealizzazione, la visualizzazione, l'azione idealistica, rileggendo con attenzione i suggerimenti dati per la loro particolare applicazione pratica, fissando bene nella mente la ragione sottostante ad essi e i relativi princìpi. Sarà opportuno prendere nella dovuta considerazione gli elementi che compongono la *triplice chiave del conseguimento,* poiché questi sono estremamente importanti per la formazione del carattere o per la propria trasformazione. Tratteremo nei prossimi capitoli del lavoro necessario per sviluppare qualsiasi qualità e daremo consigli e suggerimenti in merito.

Nella nuova psicologia si afferma che la personalità ed il carattere individuali sono *plasmabili* e non *stabili* o *permanenti,* che possono quindi — mediante l'applicazione del desiderio intenso, della attesa fiduciosa e della volontà persistente — essere modificati o modellati.

Possiamo far in modo che il nostro «*io*» riprenda il suo posto a governare i sudditi mentali, ritorni ad essere il padrone, in quanto, in molti di noi è stato sino ad ora lo schiavo. L'uomo deve essere governato da se stesso, dal potere dell'*Ego* e non essere un debole strumento del sentimento, dell'emozione e del desiderio, succube della suggestione e dell'impressione provenienti da qualsiasi cosa o persona, non soltanto una semplice creatura del caso, delle influenze esterne e dell'ambiente. Essere cioè un gigante nel conseguire, direttamente dall'*Ego,* con le qualità della ragione che dirige, che decide e con la piena volontà accresce, la determinazione. Poiché l'uomo può divenire il suo creatore mentale, fare ciò che vuole di se medesimo, senza permettere che altri creino la sua mentalità. L'uomo può con il potere della volontà dirigere, guidare, controllare spingere le sue meravigliose qualità mentali verso il conseguimento e il successo. Senza il potere della volontà l'uomo può lasciarsi travolgere da esse, se non controllate, e cadere in rovina o essere distrutto.

Bisogna decidere se nella vita si vuol diventare un dominatore o un vinto, e arriva sempre il momento in cui l'uomo deve rispondere a questa domanda e scegliere la propria via. Potrebbe darsi che anche per voi sia giunto questo momento e dobbiate quindi scegliere tra dominio o schiavitù. Sarà quindi opportuno che prendiate in seria considerazione quelle qualità mentali che hanno stretto rapporto con l'ottenimento del successo ed il conseguimento del fine o con la sconfitta e l'insuccesso.

CAPITOLO NONO

LE QUALITÀ DI APPLICAZIONE

La mancanza di costanza, di perseveranza è una delle maggiori pecche della società moderna, in dipendenza alle tante possibilità che vengono di volta in volta prospettate, ed al desiderio di cambiare che naturalmente spinge l'uomo a mutare genere di attività. La mancanza di perseveranza e la debolezza inducono molti uomini, dotati di qualità attraenti, a non farsi mai una vera posizione. Ciò in dipendenza del desiderio di cambiamenti frequenti e di novità. Ciò accade in tutti i paesi del mondo ma maggiormente in America, ove la gente è molto versatile e il progresso ed il benessere economico creano infinite possibilità di cambiamenti di lavoro e di attività. Molte persone infatti sono arrivate a scoprire l'attività che li ha portati al successo e un esame attento ci farà scoprire che questi uomini non si sono limitati a fare diverse esperienze in altrettanti campi diversi, ma sono passati da un campo ad un altro lavorando con riflessione e progredendo in una evoluzione naturale. Per quanto potremmo considerarli volubili e apparentemente incostanti, bisogna loro riconoscere una iniziale e duratura costanza nel proseguire il *proprio avanzamento;* dimostrando così di essere *pertinaci* al punto di ottenere ciò che desideravano.

Molti uomini invece, una volta quasi raggiunto il successo, perdono l'interesse al proprio lavoro, si rilassano, non si interessano più di proseguire, si lasciano andare e anche se hanno dimostrato sino a quel momento di possedere un carattere forte e senso di stabilità, mancano di perseveranza, continuità e pazienza. Essi rinunciano quindi al premio finale, che sarà senz'altro preso da chi con costanza ha perseverato sino al raggiungimento del termine fissato, senza aver avuto momenti di debolezza ed aver ceduto alla lusinga di un cambiamento.

Coloro che mancano di tali qualità o ne sono debolmente forniti faranno bene a svilupparle e fortificarle seguendo il metodo già illustrato; usando i criteri che si ispirano alla idealizzazione, alla visualizzazione e all'azione idealistica secondo i consigli che seguono e che potranno essere di valido aiuto.

Idealizzazione. Formulate nella vostra mente il concetto della costanza vedendola come diligente e insistente su di una data cosa sino al compimento della stessa con una unità di successione del pensiero e del sentimento; intendete per *costanza* lo sforzo persistente, la perseveranza, la pazienza, continuo ed attento sforzo, costanza nell'azione prefissa, fermezza nel proseguire un'azione intrapresa, costanza nel progresso, persistenza nei tentativi o nelle imprese. Significhi per voi ferma determinazione di fronte agli ostacoli che incontrerete, di fronte alle opposizioni, costanza nell'attuazione di qualsiasi progetto o impresa, perseveranza e continuo interesse nell'azione intrapresa. Cercate quindi di farvi un'idea ben chiara dello stato mentale interno e delle manifestazioni esterne relative a queste qualità e associate ad esse tutti gli altri concetti che vi sembrano ad esse collegati.

Visualizzazione. Cercate ora di sentire in voi lo stato mentale della costanza, pensando a voi stessi come possessori di questa qualità espressa nel modo più alto e manifestatela quotidianamente, senza pensare mai di esserne sprovvisto o deficiente, ma affermandone invece il pieno possesso, affinché la volontà possa percorrere nell'azione il sentiero mentale che così gli avrete preparato.

Azione idealistica. Mettete ora in pratica ciò che precedentemente avete considerato, operate cioè la costanza nella vostra vita giornaliera senza lasciarvi andare alla volubilità, all'incostanza, alle vecchie abitudini che appartengono al passato, cercando di sviluppare le nuove qualità e tenetevi pronti ad esercitarle per quando ne avrete bisogno. Siate prudenti ed accorti nell'iniziare una nuova cosa, ma quando avete deciso con oculatezza proseguite e perseverate sino al suo compimento, senza lasciarvi sviare dalla tentazione di cambiare o farvi prendere dalla stanchezza o dallo scoraggiamento. Mantenete sempre vivo il vostro interessamento ed esercitate la pazienza, la perseveranza e la persistenza; imponendo alla mente subcosciente una nuova diversa «seconda natura» corredata di queste nuove qualità mentali.

Stabilità

Si intende per stabilità quella qualità mentale che si manifesta nella fedeltà, nella tenacia, nella forza di opporci ai vari tentativi che vengono fatti al fine di distrarci, di farci cambiare o di abbatterci nella fermezza degli intendimenti. È una qualità mentale simile, in un certo senso, alla costanza, ma a questa dissimile per altri versi; Spurzheim definisce la stabilità come un particolare sentimento naturale che viene spesso manifestato nei nostri rapporti con l'umanità e che varia da nazione a nazione, da individuo a individuo. Vi sono infatti fanciulli ostinati e caparbi, ed altri docili e sottomessi; uomini che non hanno una propria espressa volontà ma seguono gli impulsi ricevuti, ed essendo privi di potere di resistenza, cedono ad altri divenendo loro docili prede; ed altri invece che possedendo un carattere di ferro, non necessitano di esortazioni o consigli, sono fermi nei princìpi e costanti nelle risoluzioni e in particolari frangenti della vita si può fare affidamento sui loro sforzi.

La stabilità è l'essenza della fermezza, dell'attenzione, della forza della volontà e pone le sue fondamenta sulla inespugnabilità, tenacia e fermezza.

Molte opinioni sono state espresse a questo proposito da grandi scrittori o psicologi e fra tanti ricorderemo quello che ebbe a dire Foster: «È molto interessante osservare come davanti ad uno spirito deciso e fermo nei propositi anche l'ambiente più ostile divenga meno ostile permettendogli di agire più liberamente e come gli ostacoli della vita paiono sottomettersi davanti ad uno spirito che ad essi non voglia soccombere, e come gli stessi ostacoli finiscano per essere utili allo scopo invece che ostacolo come inizialmente poteva sembrare». Buxton espresse il suo parere dichiarando che l'esperienza della vita gli aveva fatto notare la grande differenza che distingue gli uomini; egli aveva scoperto che nell'energia, nella determinazione invincibile si trova la differenza tra il debole e il potente, il grande e l'insignificante, nello stabilire uno scopo, quindi scegliere tra la vittoria o la sconfitta. La stabilità è la qualità mentale senza la quale non esiste intelligenza od opportunità e circostanze che possano cambiare un bipede in un vero uomo. Infine il motto di Disraeli che afferma di essere giunto a convincersi che niente può resistere ad una volontà che può rischiare anche la propria esistenza pur

La fedeltà ... è la qualità mentale che meglio esprime il concetto di stabilità, una delle qualità di applicazione

di arrivare al suo pieno compimento e che un essere umano che abbia uno scopo prefisso deve raggiungerlo.

Come precedentemente fatto per le altre qualità mentali, consigliamo a chi volesse sviluppare la qualità della stabilità di usare i metodi già indicati ovvero l'idealizzazione, la visualizzazione e l'azione idealistica.

Idealizzazione. Createvi nella mente il concetto della stabilità vedendola come decisione di possesso, carattere risoluto, costanza, immutabilità, perseveranza; come uno stato mentale di risoluzione, di stabilità di proposito, di fermezza.

Tenete presente la distinzione fatta da Crabbe fra la costanza e la stabilità che chiarisce come la *costanza* fornisca alla mente le risorse contro la noia, per lo stesso oggetto, impedendo i cambiamenti, mantenendo un legame anche nel cambiare degli avvenimenti mentre la *stabilità* oppone resistenza a tutti gli attacchi, impedisce di arrendersi, e ne esce trionfante.

La stabilità quindi ha rapporto con la volontà mentre la costanza ha relazione con l'interesse e l'attenzione.

Visualizzazione. Dopo aver creato in voi l'ideale della stabilità, visualizzatela come se la possedeste e agite in conformità nella vita di ogni giorno; senza pensarvi mai privo di questa qualità tenete bene a mente che state scavando un nuovo sentiero mentale.

Azione idealistica. Imparate adesso a mantenervi saldo nei vostri propositi e fermo nelle vostre decisioni, a tener duro quando qualcuno cerca di persuadervi a cambiare una vostra opinione basata sul vostro ragionamento e la vostra ragione; siate ponderato e calmo nel prendere una decisione concedendovi tutto il tempo necessario per riflettervi. Allenatevi ad affrontare di volta in volta le derisioni, gli oltraggi, le lusinghe, senza mai cedere e fate in modo che la vostra mente sia malleabile come la cera nell'accogliere, prima di prendere una decisione, tutte le diverse ragioni e tutti gli argomenti che vi vengono prospettati. Giunti che siate alla giusta decisione ed al saggio proponimento fate che la vostra mente si trasformi in durissimo acciaio e come tale non si pieghi e si attenga a seguire il sentiero che vi siete tracciati.

CAPITOLO DECIMO

LE QUALITÀ ELEMENTARI

Coraggio e *accumulamento* sono due qualità mentali che possono considerarsi come «elementari», e ciò in quanto hanno le loro radici nei bisogni elementari della razza. Fin dai primordi, le razze ritennero necessario manifestare le qualità elementari del coraggio o ardire per conservare la supremazia sui popoli rivali. Predominava allora la legge del più forte. Ora, pur essendo ormai passata la necessità del crudo manifestarsi di questa qualità, tuttavia nella lotta individuale di oggi è necessario un certo grado di questa qualità elementare se ci si vuol conservare indipendenti ed anche per non lasciarsi sopraffare. E l'uomo primitivo allo stesso tempo che si trovava nella necessità di procacciarsi e conservarsi una fonte di nutrimento, trovò anche necessario «di avere e di conservare». Anche ai tempi nostri sussiste la medesima necessità. È opportuno che l'individuo apprenda ad acquisire e a conservare, si protenda verso il possesso materiale e lo mantenga, tutto ciò se desidera vivere in maniera confortevole e se vuol beneficiare di qualche cosa di più delle pure e semplici necessità della vita. Occupiamoci ora di queste due qualità elementari.

Coraggio

Possiamo dare diverse definizioni di questa qualità

mentale: «prodezza, ardimento, audacia, animosità, impeto, ecc.». È questa la qualità che ci fa dire: «Io oso, io faccio»; che ci fa accettare l'opposizione ed il conflitto, che ci mette in grado di manifestare una certa auto-difesa od anche aggressità nel combattimento con gli altri. Quando un individuo ha questa qualità leggermente più sviluppata, si sente in grado di assumere un atteggiamento di altezzosità che lo fa talvolta affermare: «Non vi frapponete sul mio cammino». Questa qualità si manifesta poi sul piano fisico di vita, come coraggio fisico o amore alla lotta fisica; viceversa in quegli individui che vivono in prevalenza sul piano mentale, essa si manifesta quale coraggio morale o mentale, amore per le lotte e i conflitti mentali, ecc.

Fra le diverse fasi del coraggio, Crabbe fa le seguenti distinzioni: «Il *coraggio* ha rapporto con l'azione, la *fortezza d'animo* ha rapporto con le passioni; un uomo ha *coraggio* per affrontare i pericoli e *fortezza d'animo* per sopportare le sofferenze. Il coraggio si configura come un potere della mente che è pronto ad affrontare le future avversità; la fortezza d'animo è quel potere che sopporta il dolore attuale; l'uomo che ha del coraggio va davanti alla bocca di un cannone con la stessa freddezza con cui l'individuo che è dotato di fortezza d'animo sopporta l'amputazione di un arto del corpo... Un grado minore del coraggio è la *risolutezza:* è *coraggio* negli affari meno importanti della vita; nel *coraggio* è pure compreso lo spirito di avanzamento, mentre nella *risolutezza* si evidenzia solo la volontà di non voler tornare indietro...; il coraggio fa pensare sempre all'esistenza di una qualche azione pericolosa da affrontare, la risolutezza è pronta ad affrontare solo opposizioni e difficoltà. Nel sangue è l'*audacia*; nella mente, il *coraggio;* quest'ultimo è frutto di un ragionamento, mentre

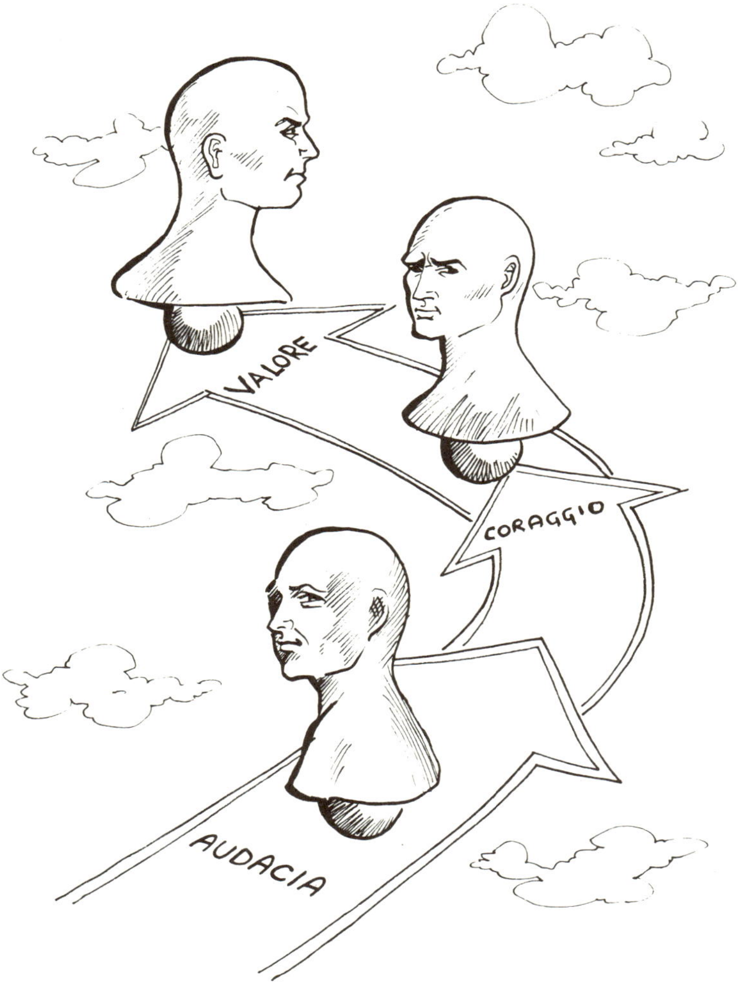

Le qualità elementari

il primo è in dipendenza del temperamento fisico; l'*audacia* è una sorta di istinto, mentre il *coraggio* è una virtù; un individuo è *coraggioso* nella proporzione ai propri ragionamenti e alle proprie osservazioni. Un movimento meccanico involontario indipendente da noi stessi: questa è la apparenza dell'*audacia;* mentre per avere *coraggio* occore avere convinzione, e nel differire, riunire energie; è un sentimento eccelso e nobile; la forza dell'esempio, l'incanto della musica, la furia e l'impeto della battaglia, la disperazione del conflitto possono trasformare dei vigliacchi in audaci; l'uomo coraggioso non necessita di altre spinte all'infuori di quelle che gli vengono suggerite dalla sua stessa mente. Si può possedere coraggio senza audacia ed anche audacia senza coraggio. La mancanza di audacia di Cicerone si rivelò appieno allorché cercò di sfuggire agli attacchi di Catilina; mentre dette una grande manifestazione del suo coraggio, quando, presente tutto il Senato, svelò i propositi di tradimento di quel cospiratore, accusandolo davanti a tutti dei delitti di cui lo sapeva responsabile. Una qualità ancor più elevata dell'audacia e del coraggio, che sembra partecipare delle maggiori caratteristiche di entrambi è il *valore;* esso racchiude in sé l'ardimento dell'*audacia* e la fermezza e determinazione del *coraggio;* l'*audacia* si addice molto di più ai combattenti e a tutti coloro che sono soliti ricevere ordini, il *coraggio* è più confacente ai generali e a tutti quelli che devono impartire degli ordini; il *valore* è indispensabile ai capi ed agli ideatori di grandi imprese ed a tutti quelli che debbono metterle in pratica; l'*audacia* ha bisogno di una guida, il *coraggio* è ugualmente adatto per comandare ed obbedire, il *valore* dirige ed esegue. L'audacia ha relazione soprattutto con il pericolo; il coraggio e il valore presuppongono in loro stessi un particolare rapporto con l'azione; l'audace espone se stesso; l'uomo coraggioso si dirige avanti verso la scena dell'azione che gli sta di fronte; il valoroso va cercando le occasioni per compiere delle azioni».

In merito alle qualità e allo spirito di coraggio manifestato da alcuni animali selvaggi e riconosciuto dagli altri, anche se non si è posta la necessità di una lotta fisica, ecco quanto afferma uno scrittore che si è occupato appunto di questo soggetto. Egli dice: «Se in una stessa gabbia mettete due babbuini maschi, essi apriranno la bocca, si mostreranno i denti e si "soffieranno" sul muso, però si noterà come uno dei due soffierà in modo diverso, anche se i suoi denti non sono più brutti, rivelando un tremito che mostrerà subito la sua inferiorità. Non è necessario che avvenga la lotta a provare tutto ciò. Lo stesso fatto avviene per i felini. Mettete insieme tre, quattro, dodici leoni e molto probabilmente, senza che ci sia bisogno di una vera lotta, essi capiranno subito chi fra di loro è dotato dell'ardire del dominatore. Ad esso quindi spetta la scelta del cibo, e, se sceglie, gli altri non inizieranno neppure a mangiare finché esso non avrà portato a termine il suo pasto; esso, per primo si reca al recipiente dell'acqua fresca. In poche parole, esso è il "re della gabbia". Allo stesso modo quando un domatore si reca nella gabbia di un felino a cui sia venuta l'idea di scherzare, la sua inclinazione è simile a quella che avrebbe assunta il "re degli animali" verso un suddito assai temerario e sconsiderato da sfidare la sua autorità».

Uno straordinario esempio di coraggio riconosciuto dagli altri ci viene proposto da Oliver Wendell Holmes: «La faccia del Koh-i-noor divenne tanto pallida per l'ira, che i suoi baffi e la sua barba di colore neroazzurro, in contrasto con quel pallore, erano mostruosi a vedersi. Egli afferrò un bicchiere e digrignando i denti per la collera, fece l'atto di scagliare il contenuto sul suo interlocutore. Il giovane del Maryland fissò i suoi occhi chiari, fermi e sicuri su di lui, posandogli una mano sul braccio, e il gioielliere sentì di non poterlo più muovere. Fu inutile; il giovane era il padrone e in quell'abbraccio mortale dell'Indiano — *abbraccio in cui gli uomini combattono con gli occhi* e la lotta si esaurisce in cinque secondi, mentre l'eco delle conseguenze dura per un'intera vita — tutto l'affare fu sistemato in una volta sola; proprio nello stesso modo in cui due galli dello stesso pollaio combattono fra di loro, e, dopo due o tre assalti e qualche violenta speronata, tutto è finito; e quindi il vinto piega la testa e cede il passo al vincitore per quella volta e per sempre».

Dice Fothergill: «È assai errato pensare che in tutte le occasioni la volontà sia pronta a mettersi in evidenza; tutt'altro. Spesso essa è incline a nascondersi e capita molto di frequente di scoprirla sotto una parvenza di cordialità. Vi sono individui di ambedue i sessi che per la loro apparente cortesia e gentilezza, sembrano quasi non possedere una volontà propria; si potrebbe pensare che la loro esistenza è improntata per far piacere agli altri; ma una volta giunto il momento opportuno vi accorgerete come il potere latente della volontà si rivelerà in loro e sotto il guanto di velluto scoprirete un pugno di ferro, e su questo non ci sono dubbi. Tale è il segreto dei diplomatici. Talleyrand lo possedeva ad un grado elevato, ed era per questo un diplomatico freddo, ardimentoso e fortunato; lo stesso potere era anche in Cavour che ne faceva un uso assai saggio. Ne sono, invece, privi i gradassi e i millantatori».

Se qualcuno difetta di questa qualità, la potrà sviluppare seguendo i sistemi già indicati. Potranno essere loro di aiuto anche i consigli esposti qui di seguito.

Idealizzazione. Abbiamo già fornito del materiale sufficiente per darvi la possibilità di formarvi un ideale nitido del coraggio nelle sue varie fasi, nei paragrafi precedenti di questo capitolo; quindi vi consigliamo di rileggere tali paragrafi fin tanto che avrete acquisito un concetto chiaro e forte nella vostra mente.

Visualizzazione. Servitevi della vostra immaginazione, dopo esservi formato il concetto ideale, per rappresentare voi stesso come già possessore di tale qualità e nel metterla in pratica. Non indulgete nell'ammissione che essa sia assente e debole, ma al contrario affermatene sempre il possesso e la manifestazione in atto.

Affinché la volontà possa in caso di necessità percorrerlo facilmente, costruite nella vostra mente il sentiero mentale del coraggio. Fatevi un quadro mentale di voi stessi figurandovi nel momento di agire come gli eroi citati prima. Immedesimatevi nello spirito della loro personalità e fatelo vostro.

Azione idealistica. Esprimete sempre, ove sia possibile farlo ed in maniera appropriata, con l'azione la qualità del coraggio. Appena si presenterà l'occasione per metterlo in mostra, siate sicuri di farlo e in questo modo darete un maggior sviluppo al vostro muscolo mentale. State attenti, comunque, a non cadere nell'errore di essere temerari, collerici, maligni e puntigliosi. Mettete in evidenza invece il fermo e freddo coraggio morale, che è quello che caratterizza la vera forza; evitate quanto più possibile meschine liti e contese che sono soltanto rivelatrici di una natura inferiore, la contraffazione del coraggio. E in modo particolare, imparate a dominare il vostro carattere, in quanto la collera spreca inutilmente le energie. Il vero coraggio è freddo e composto. Come il professor Fowler disse a quanti desideravano sviluppare questa qualità: «Date coraggio in voi allo sviluppo di uno spirito animoso, resistente, pronto alla sfida e all'auto-difesa; fate fronte come un vero eroe alle imposizioni; piuttosto che tirarvi indietro, impegnatevi nelle discussioni e nei conflitti mentali di idee e di sentimenti; prendete parte ai convegni pubblici; partecipate ad ogni avvenimento».

Accumulamento

L'istinto dell'acquistare e del conservare, cioè l'*accumulamento,* è la seconda qualità elementare. È riprovevole la perversione di questa qualità che porta all'avarizia e alla spilorceria; però, qualora non sia ben sviluppata questa qualità, sarà assai difficile riportare dei buoni risultati nel mondo degli affari come in qualsiasi altro campo di attività. Per quanto sia condannabile, tuttavia non possiamo negare che le condizioni della vita di oggi costringono l'individuo a far denaro e a cercare di metterne almeno un po' da parte. Egli deve sviluppare l'istinto del castoro e dello scoiattolo. Per far denaro bisogna desiderarlo fortemente e per risparmiarlo occorre imparare a provare piacere a metter da parte, a far economia. Per giungere all'accumulamento vi sono due fasi: 1° l'acquistare, 2° il conservare ciò che abbiamo acquistato. Noteremo che tutti gli individui che sono in possesso di questa qualità mentale in grado assai superiore alla normalità, riescono negli affari. Alcuni che l'hanno sviluppata in maniera eccessiva fanno del denaro e del possesso di esso il solo fine della loro esistenza. Al polo opposto c'è la schiera di coloro che, trascurati e dissipatori, non hanno altro in mente che disperdere ciò che è in loro possesso. La natura stessa degli affari mostra che se vogliamo riuscire, dobbiamo avere questa qualità in un grado assai ben sviluppato. Per far ciò occorre coltivare il desiderio del denaro, il desiderio tanto di farlo che di accumularlo. Possono essere di una qualche utilità i seguenti suggerimenti relativi ai metodi già esposti.

Idealizzazione. Non è difficile formarsi un forte e chiaro concetto del denaro e di altri possessi materiali. Tutti, perfino coloro che non lo desiderano in modo eccessivo, si formano in poco tempo l'idea del far denaro e di come risparmiarlo; ovunque si notano esempi tanto di mancanza che di possesso. Se avete bisogno di un simbolo, rifatevi alla laboriosa ape, allo scoiattolo, al castoro; o prendete in considerazione l'esempio umano fornitoci da alcuni fra i nostri maggiori «capitani d'industria» come Rockefeller. Non mancano certo gli esempi.

Visualizzazione. Figurate voi stesso pieno di attività, pronto a far denaro, desideroso di possesso e sul punto di ottenere l'oggetto del vostro desiderio; siate esigente con le cose che vi spettano, commerciate e traete profitto da qualunque cosa con cui veniate a contatto; cercare di guadagnare in modo onesto qualche piccola moneta, dove e ogni qualvolta vi si presenti l'occasione: provate il sentimento di «questo è mio»; praticate l'economia tramite la frugalità, acquistate, risparmiate, accumulate, cercate di evitare lo sperpero; sorvegliate il soldo e guardatelo crescere e trasformarsi in lira; in breve, manifestate l'ideale dell'accumulamento. Costruite il sentiero mentale e stabilite l'abitudine mentale.

Azione idealistica. Praticate quelle azioni che armonizzano con l'ideale dell'accumulamento. Con la massima onestà guadagnate un soldo dovunque potete e conservatelo. Risparmiate il più possibile ed evitate ogni sperpero. Volgete tutto verso un buon profitto e non perdete mai d'occhio il fine principale. Mantenetevi nell'atmosfera del denaro, concentrate la vostra attenzione sui metodi degli individui fortunati e fate in modo che il loro esempio alimenti il fuoco del vostro desiderio. Tenete un resconto il più possibile esatto di ciò che spendete e mettete un certo interesse nei vostri conti. Anche se poco, cercate sempre di risparmiare. Cominciate, insomma, con l'accumulare; in tal modo, il vostro desiderio aumenterà. Tenete presente il vecchio assioma: «*Quando prendete, cercate di prender il più possibile e fin tanto che lo potete; e quindi conservate ciò che avete fatto vostro*». Nell'accumulamento vi è un chiaro esempio di azione e reazione. Più sarà vivo in voi il desiderio di accumulare e più vi sentirete in grado di accumulare realmente; più accumulerete attualmente e più il vostro *desiderio* di accumulare accrescerà e così via, in quanto causa ed effetto hanno l'uno sull'altro un certo potere di reazione.

CAPITOLO UNDICESIMO

LE QUALITÀ MOVENTI

Le qualità mentali che vengono impiegate attivamente nel lavoro movente individuale, nel lavoro che fa muovere e mutar posto alle cose, vengono denominate come «qualità moventi». In ogni cambiamento notiamo i due elementi o princìpi associati della *qualità distruttiva* e della *qualità costruttiva,* che, alternativamente, distruggono o costruiscono. Perché il nuovo possa venir costruito è necessario che venga demolito o tolto di mezzo il vecchio. Una volta rimosso il vecchio si potrà dar inizio al lavoro costruttivo e all'edificazione quindi del nuovo. Le qualità moventi si mostrano in lavoro attivo nel senso di cambiare e ricostruire le cose. Esse sono rispettivamente conosciute come distruttività e costruttività.

Distruttività

La distruttività è la qualità mentale spezzatrice che si manifesta con lo spezzare, atterrare, rimuovere ogni ostacolo, col togliere qualsiasi impedimento, capovolgere, sfidare le consuetudini o le regole determinate; con il respingere, calpestare, delimitare, rimuovere gli impedimenti. L'individuo che ha in sé questa qualità con un discresto grado di sviluppo è insofferente a qualsiasi legame che limiti le sue azioni, ribelle all'autorità arbitraria e non si lascia sottomettere da leggi dure e severe. Preferisce fare ogni cosa a modo suo e non seguirà mai le direttive impartite da un capo. Il movente che si trova alla base della *qualità distruttiva* è sempre lo stimolo alla *qualità costruttiva* che ha il desiderio di erigere il proprio edificio in luogo di quello che vuol togliere di mezzo. Questo tipo di persone, sia che si trovi su un piano mentale, sia su un piano fisico, prova piacere nel lottare contro gli ostacoli e nell'abbattere qualsiasi impedimento.

Tale qualità si manifesta sul piano fisico nel divellere le erbacce, nell'abbattere gli alberi, nel dissodare la terra, nel demolire vecchie barriere, nell'apportare continuamente dei cambiamenti in qualsiasi luogo di lavoro o di residenza. In genere, nei fanciulli tale qualità è molto sviluppata. Vi sono individui in cui essa si manifesta nella passione per la caccia, la pesca, ecc., in quanto in questi sport predomina l'elemento dell'inseguimento o del tentativo di catturare una preda. Qualora questa qualità sia eccessivamente sviluppata, notiamo una tendenza alla durezza, alla crudeltà ed alla mancanza di rispetto verso i diritti degli altri. Sul piano mentale si hanno manifestazioni in cui il desiderio tende a portar via o vincere qualsiasi opposizione, all'attuazione di riforme sociali e miglioramenti, a nuova direzione da imprimere nello svolgimento degli affari, e così via.

Ed anche se questa qualità, talvolta eccessiva, si manifesta in maniera poco desiderabile, tuttavia è una delle più necessarie e riveste una parte assai di rilievo in tutte le attività della vita. Qualora essa fosse mancante, l'uomo diverrebbe lo schiavo dei pensieri, delle opinioni e dei desideri altrui; una creatura delle abitudini e della consuetudine; un orbo seguace dei metodi e degli usi stabiliti in precedenza; sempre soggiacente alla vo-

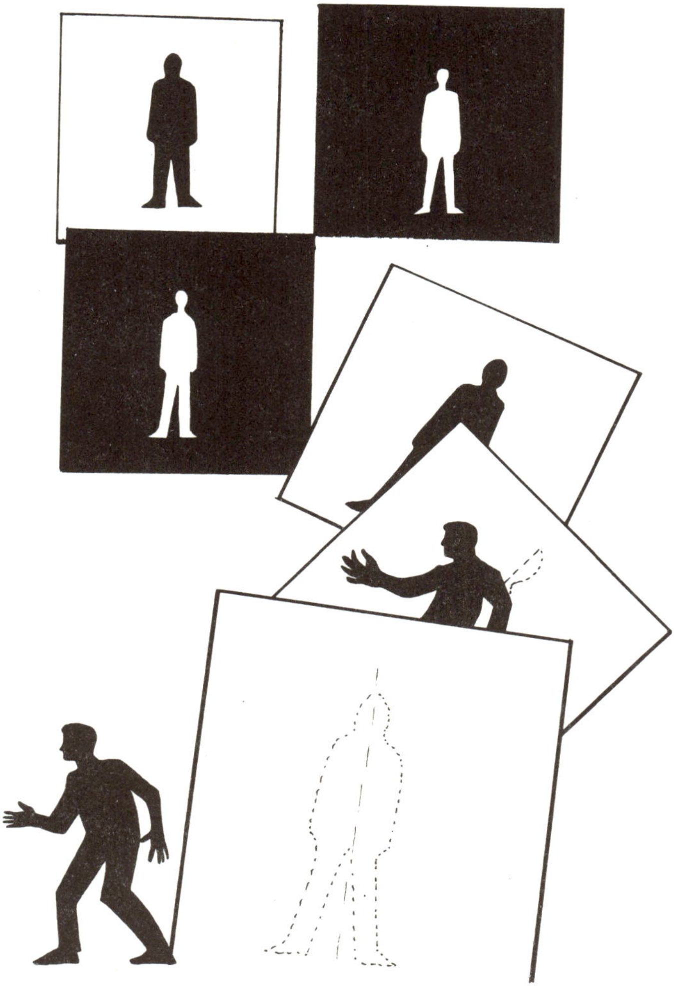

Le qualità moventi

lontà e ai desideri degli altri.

Coloro che difettano di questa qualità, sono portati a tornare indietro all'idea di recare dolore ad altri o di immischiarsi nei disegni altrui, nelle altrui abitudini, metodi e modi già esistenti e rappresentano l'incudine piuttosto che il martello.

Coloro che sono massimamente dotati di questa qualità, dimostrano generalmente abilità esecutiva e sono i naturali condottieri dei loro simili. Essi si servono di qualsiasi mezzo e sono pronti ad incendiare una foresta di alberi secolari per aprirsi il varco ed abbattere tutto ciò che incontrano sul loro sentiero. Sono aggressivi, ardimentosi, pieni di iniziative e costanti, allorché questa qualità viene posta in azione. Appartengono a questa categoria, i grandi riformatori, i grandi industriali, i grandi commercianti, i grandi avvocati, i grandi medici.

Dice Ike Marvel: «L'uomo si rivela con la risoluzione; non risoluzioni meschine, non decisioni immature, non proponimenti vaghi *ma quella volontà forte ed instacabile che calpesta qualunque difficoltà,* allo stesso modo che il ragazzo calpesta la terra coperta dal ghiaccio invernale indurito; e sfida qualunque pericolo facendo ardere negli occhi e nel cervello un orgoglioso impulso verso l'irraggiungibile. La volontà trasforma gli uomini in giganti». Dice l'antico verso tedesco: «Se siete l'incudine restate fermi, se siete il martello percuotete con tutta la vostra forza».

Per avere un esempio vivente di questa qualità mentale, sarà sufficiente pensare a Bismarck o a Roosevelt; in special modo quest'ultimo ci propone un esempio veramente singolare. Il suo «grosso bastone» ed il suo monito: «Non indietreggiare, seguire la linea retta e colpire con energia nel segno», illustrano alla perfezione questa qualità; e le sue attività al servizio della nazione si esplicarono esattamente secondo le tipiche linee di questa qualità mentale.

Coloro nei quali tale qualità è in parte manchevole, possono svilupparla in conformità dei sistemi già esposti e dei quali ora tracceremo un riassunto.

Idealizzazione. Formate un concetto nitido di questa qualità leggendo quello che abbiamo scritto e facendo riaffiorare alla vostra mente gli esempi delle sue manifestazioni negli individui della storia politica e commerciale. Ponete la vostra attenzione su di essa allorché si manifesta distruggendo, capovolgendo, allontanando, liberando il cammino, rovinando, minando, abbattendo, calpestando, costruendo e correggendo gli abusi.

Visualizzazione. Servitevi dell'immaginazione e con essa formatevi una immagine mentale di voi stessi come possessori di questa qualità e nell'azione di metterla in pratica negli affari della vostra vita.

Guardatevi nel momento in cui vi accingete a scavalcare barriere, andare nella parte opposta al destino, spezzare delle pesanti catene, sfondare quelle porte che sono di ostacolo per voi impedendovi di procedere innanzi, di adottare nuovi sistemi, stabilire la mèta e camminare direttamente verso di essa, senza preoccuparvi minimamente delle proteste degli altri. Vedetevi nel momento di manifestare la vostra individualità, anziché essere solamente una pecora del gregge umano. Vedetevi nell'atto di dire: «Io troverò una strada o me la edificherò». «Opportunità! Io creerò le opportunità!» e vedetevi nel momento in cui mettete in pratica questi proponimenti.

Azione idealistica. Compite le vostre azioni e mettete in pratica nella vostra vita quotidiana l'ideale che vi siete creato. Seguite il sentiero mentale che avete visualizzato. Intraprendete cose che richiedono tanto costruzione che distruzione; rimuovete gli ostacoli che incontrate sul vostro cammino; date inizio a lavori di riforma in modo da sviluppare il vostro muscolo mentale; combattete le angherie e datevi da fare nel sostenere la necessità di annientare condizioni deplorevoli. Se durante il vostro lavoro, sentirete che la coscienza e la ragione vi suggeriscono che una certa cosa dovrebbe essere fatta, che un determinato cambiamento dovrebbe essere eseguito, procedete e fate la cosa, eseguite il cambiamento, anche se tutto questo dovesse comportare un totale capovolgimento. Rinvigorite lo spirito dell'eliminazione, allontanando tutto ciò che è dannoso per sostituirlo con qualcosa di migliore.

Costruttività

L'istinto mentale di creare ed erigere è appunto la qualità mentale della costruttività. Le sue manifestazioni si evidenziano nel creare, nel fare, nel fabbricare, nell'apportare migliorie, nel costruire oggetti mentali e materiali. Essa talvolta in alcuni individui prende la forma di invenzione, di ideazione, di scoperta, ecc.; mentre in altri talvolta si manifesta tramite disegni, descrizioni, grafici, ecc. Tali qualità se ben sviluppate da un meccanico possono far sì che egli sia in grado d'inventare nuove tecniche, macchine, ecc.; il finanziere o l'uomo d'affari progetta di apportare delle migliorie nelle proprie imprese, si propone nuovi piani, cerca di attuare nuovi miglioramenti nella propria industria. *Costruire* ha il significato di «fabbricare, formare, inquadrare, unire insieme, disporre, creare, ideare, mettere in opera progetti antecedentemente preparati, eccetera».

Sarà assai facile constatare come l'uomo fortunato deve essere in grado di progettare, ideare e costruire nell'ambito dei suoi affari. L'uomo d'affari deve essere in grado di progettare un piano e di costruire seguendo un tale schema. Egli deve servirsi del *pensiero costruttivo*.

Ciò che è necessario è di ricostruire qualcosa di più adatto e migliore e non solo abbattere gli impedimenti e gli ostacoli. Qualunque affare, qualunque industria, ogni legge o pratica medica è stata innalzata e costruita gradatamente, pezzetto per pezzetto. Servendosi di altre qualità e facoltà mentali si rende possibile l'ideazione di progetti, il disegno di schemi, ecc., ma quella che si impiega in modo del tutto attivo nell'*attuale lavoro di costruzione* è appunto la qualità costruttiva.

È necessario, per ottenere lo sviluppo di questa facoltà, accrescere il desiderio di costruire, coltivare l'istinto di innalzare tramite il desiderio. Potrete seguire i metodi indicati in questo volume attenendovi scrupolosamente ai suggerimenti che seguono.

Idealizzazione. Si deve ad ogni costo formare e mantenere ben saldo il concetto della costruzione. Dev'essere mantenuta ben salda nella mente l'idea di innalzare, o fare, o costruire; le attività in questo campo devono essere osservate dalla costruzione di case alla formazione di grandi imprese, affinché la mente possa comprendere nel senso più ampio e profondo il significato del vocabolo.

Visualizzazione. Una volta formatovi l'ideale, fate in modo di visualizzarlo come manifestato da voi stessi. Immaginatevi e sentitevi come impegnati nella fabbricazione, nella costruzione, nella manifestazione di un'energia ed una forza creativa della vostra vita. Finché non avvertite in voi un anelante desiderio di edificare e costruire, osservate con attenzione il lavoro costruttivo altrui. Incoraggiate in voi il sentimento ed il desiderio servendovi con forza della vostra immaginazione e rappresentandovi nel momento in cui vi accingete a sviluppare con rapidità la costruzione desiderata.

Azione idealistica. Infine mettete in pratica ed esercitatevi nel campo del lavoro, della costruzione, della edificazione; tentate di produrre qualcosa, sia con le mani che con il cervello; sforzatevi di creare qualche cosa sia con lo sforzo mentale che con uno sforzo fisico, oppure servendovi di entrambi. Apportate delle migliorie in ciò che vi sta intorno; aggiungete da un lato ed allargate dall'altro. Anche se dipendeste da altri, cercate di migliorare e perfezionare i vostri sistemi e modi di compiere un lavoro. Cercate di allargare ed estendere le vostre attività. Sforzatevi affinché ogni settimana il vostro lavoro sia compiuto meglio che nella settimana precedente; ricordatevi: anche in questo consiste il costruire e l'edificare; se studiate, cercate di accrescere ogni giorno di più il vostro bagaglio culturale; tentate di inventare ed applicare i metodi migliori, i più adatti a ciò che fate quotidianamente. Non accontentatevi di rimanere nel punto in cui vi trovate; fermarsi equivale a retrocedere. Cercate sempre e con ogni mezzo di migliorare, accrescere, allargare, costruire, innalzare, fare. Il ragazzo, costruendo per gioco si esercita per un lavoro costruttivo futuro. E costruendo in piccolo vi allenerete e preparerete ad edificare opere migliori e più grandiose. Perfezionate, costruite, fabbricate.

Tenete a mente i versi seguenti tratti dal *Nautilus* di Holmes:

«Edifica una più solida magione, o anima mia,

Nel veloce roteare delle stagioni!
Lascia le tue basse volte del passato!
Fai che ogni nuovo tempio sia più nobile del
[precedente
E che ti separi dal Cielo mediante una cupola più
[vasta,
Finché alla finė tu sarai libera
Di lasciare la tua conchiglia nel procelloso mare
[della vita».

CAPITOLO DODICESIMO

LE QUALITÀ PROTETTIVE

Le qualità mentali che proteggono l'individuo dai pericoli che potrebbero minacciarlo, se mancassero, sono quelle che intendiamo per «qualità protettive».

Prudenza ed *astuzia* sono rispettivamente i nomi di queste due qualità. La loro potenza protettiva è soltanto mentale e non difesa fisica. Piuttosto che del corpo fisico, la protezione è del cervello.

Prudenza

Si definisce la prudenza come: qualità di essere previdenti, preveggenti, riflessivi; la consuetudine di agire con discrezione e deliberazione; di essere circospetti nell'agire o nell'adottare una certa linea di condotta. Riflettere alle conseguenze di ogni cosa che si voglia intraprendere ed essere quindi *saggi* ed *oculati*.

Così Blair distigue fra *prudenza* e *saggezza*.

«Ciò che ci porta ad agire e parlare nel modo più esatto è *saggezza* mentre la *prudenza* ci vieta di agire o parlare in modo improprio. Così il saggio usa i mezzi più adatti per raggiungere il successo, mentre il prudente li userà in modo da non correre alcun rischio o pericolo».

Una dose eccessiva di *prudenza* spesso può impedire la buona riuscita di una impresa perché irresolutezza, timore o ansietà creano nell'individuo paura ed ango-

Qualità protettive

scia, mentre una quantità insufficiente della stessa *prudenza* farà l'individuo *avventato, temerario* e *trascurato.* Possedere quindi la *prudenza* in dose giusta, non essere cioè né troppo né poco prudenti, significa poter riuscire meglio nella vita che non altri meno equilibrati.

È necessario comunque accertarsi, innanzi tutto, in quale dose questa qualità è presente: se è *eccessiva* e quindi vi rende troppo *prudente,* farete bene a frenarla e a sviluppare invece *l'ardire;* se invece è carente e vi rende troppo *imprudente,* dovrete mitigarvi e sviluppare invece la *prudenza.* Sia nel primo sia nel secondo caso i metodi da seguirsi sono identici. La regola che ci dà la nuova psicologia è la seguente «Per moderare o frenare una qualità mentale è necessario sviluppare il suo opposto». Descrivendovi come applicare questo metodo, considereremo sia la necessità del reprimere quanto quella dello sviluppare.

Idealizzazione. Analizzate la qualità della *prudenza,* sia come *prudenza eccessiva,* sia come *imprudenza.* Vi renderete conto che la *prudenza* è *previdenza, vigilanza, attenzione.* Per meglio evidenziare la differenza tra *prudente, previdente* e *cauto* sarà necessario leggere quando dice Crabbe a questo proposito. «Per evitare gli errori siamo *prudenti,* per evitare difficoltà e ristrettezze siamo *previdenti* e per evitare il pericolo siamo *cauti*». «Risparmiando ed economizzando ciò che possediamo esercitiamo la *prudenza;* proteggendoci contro il male ci *cauteliamo,* difendendoci dal male e procurandoci il benessere usiamo la *previdenza.* Si intende prudenza usare dei mezzi ed esercitare delle facoltà allo scopo di raggiungere un fine. Nulla viene trascurato dall'uomo prudente. La cautela porterà a non agire mai se non obbligato: un individuo previdente userà prudenza e cautela nell'amministrarsi; astenendosi nel presente agisce per il futuro».

La troppa prudenza è simile all'imprevidenza, alla negligenza ed all'indifferenza. Non si deve però confondere la prudenza con la paura. Si può osservare infatti come i più coraggiosi animali, non gettandosi incontro al pericolo o avventatamente nelle trappole, manifestano *prudenza* e *cautela.*

Visualizzazione. Creata una vostra immagine come se foste veramente un prudente anche se forse siete *troppo* o *poco prudente,* la qualità normale immaginata servirà a definire l'esatto sentiero mentale per il grado normale di sviluppo. Consideratevi quindi un individuo di normale prudenza. Ovverosia come manifestazione della prudenza normale nel lavoro quotidiano e nella vita. Osservatevi mettere in pratica la giusta prudenza, la cautela e la circospezione nei vostri affari. Vedetevi come se foste sempre previdente contro gli assalti e le debolezze, previdente contro eventuali pericoli, e nello stesso tempo pronto a non eccedere in timore o timidezza. Sceglietevi a modello un uomo fortunato nel quale la prudenza sia normalmente sviluppata e pensate a voi stesso nell'atto di attuare, come fa lui, questa particolare qualità. Costruitevi cioè un sentiero mentale che la vostra volontà in azione possa percorrere: vedetevi come vorreste davvero essere ed innalzatevi l'ideale che vorreste concretizzare.

Azione idealistica. Esercitate normalmente la qualità della prudenza nella vostra vita di ogni giorno. Usate la cautela nel decidere e far progetti, riservandovi il beneficio del dubbio. Siate però ardito nell'attuare quanto deciso, e una volta iniziato ad agire attendete fiduciosamente l'esito favorevole. «Nel decidere e nel progettare siate pessimista ma nell'eseguire siate ottimista». Non fate che il timore o la noia vi influenzino, ma fate che sulla ragione e sul giudizio si basino la vostra prudenza e la vostra cautela.

Per reprimere o coltivare questa qualità mentale Fowler consiglia ai suoi discepoli: «Per *svilupparla* dovete tener conto degli svantaggi e non dei vantaggi, considerare le conseguenze derivanti dalla trasgressione e i danni prodotti dalla trascuratezza e dall'imprudenza; in ogni evenienza siate vigilanti e cauti. Siate quindi pieni di giudizio, ricordatevi che il pericolo è sempre più grande di quanto pensate, quindi statene lontani il più possibile. Ricordate che il vostro maggior difetto è l'essere imprudenti. Per *reprimerla,* invece, usate l'intelletto. Ricordatevi che naturalmente tendete ad ingigantire il pericolo. Per controllare la vostra cautela usate quindi l'intelletto. Incoraggiate la crescita di un sentimento di noncuranza e di indifferenza, equilibrate la vostra cautela sviluppando uno spirito di audacia e di combattività, non cedete all'ansietà eccessiva se i vostri cari ritardano oltre il previsto, non spaventatevi e non cedete al panico. Affrontate invece i vostri timori senza sgomento, tenendo sempre presente che in voi esiste la tendenza ad ingigantire ogni apparenza del male».

Un rapporto giusto tra ardire e prudenza è quindi la condizione ideale; ovverosia, come in certe razze primitive e animali inferiori, la condizione di prudenza-coraggiosa e coraggio-prudente.

Astuzia

Il suo significato originale era «destrezza, abilità, ecc.» oggi invece è usata più frequentemente nel significato riprovevole di «frode, inganno, scaltrezza». L'astuzia, ovvero la seconda delle qualità protettive mentali, può definirsi come «accorta, vigilante, scaltra ecc.». Il suo vero significato si trova tra questi estremi. È una qualità mentale elementare e nell'uomo primitivo e negli animali inferiori era molto necessaria. Anche nella vita di oggi è oltremodo necessario essere astuti ed accorti — non in modo indegno o riprovevole — onde difendere i propri diritti. Nella vita in generale, negli affari, vi è sempre una lotta che richiede acume ed intelligenza, spesso una lotta benevola, ma pur sempre un conflitto o una lotta.

È necessario opporre, sia nella vita che nei giochi, il proprio ingegno contro quelli che si trovano nel campo opposto. Ma in questo caso, se si è usata una certa dose di astuzia, non ci si deve certo scusare per questo. Solo nel pervertimento di questa qualità esiste il lato cattivo della qualità stessa.

La differenza tra la parola astuzia e gli altri vocaboli a lei strettamente collegati viene così spiegata dal Crabbe: «È nel nascondere che l'uomo *astuto* dimostra la propria abilità e questo richiede più della sola taciturnità o riservatezza; mentre chi va oltre regolando le sue azioni e parole in modo da allontanare ogni possibile sospetto è un uomo *scaltro.* Possiamo quindi dedurre che un bambino può essere *astuto* mentre un uomo sarà *scaltro;* è dotato di maggiore acume inventivo dell'uno e dell'altro chi abbia della *sottigliezza.* L'uomo che cerca solo di nascondere il suo scopo immediato è *astuto,* mentre chi nasconde uno scopo remoto, si definisce come *scaltro* e *dotato di sottigliezza;* in genere quindi gli uomini sono astuti per quanto riguarda i loro interessi ordinari, mentre gli uomini politici sono fini o scaltri; tenendo conto però che la scaltrezza è relativa alla finalità mentre la sottigliezza ha rapporto con i mezzi da usarsi per il raggiungimento dello scopo. È nell'azione che l'uomo si rivela astuto e scaltro, mentre con le azioni combinate e le parole rivela la sua sottigliezza. La *malizia* è una volgarizzazione dell'*astuzia;* cautamente e silenziosamente l'uomo *malizioso* si pone al lavoro. Solo in casi di attacchi o difesa si applica la *furberia* ovvero una specie di *astuzia o scaltrezza*».

Molto spesso l'idea contenuta nella parola *accorto* ovvero «fine, acuto, perspicace, oculato, sagace, astuto» è espressa dalla parola *astuzia.*

La volpe è quella che maggiormente ci rende l'idea dell'astuzia, e quindi l'aggettivo «volpone» da ciò derivante. Si pensa anche che sia molto «saggio» il serpente e da questo il noto proverbio che ci dice: «Saggi come il serpente ma candidi come colombe». Non dimentichiamo comunque che giudichiamo degna di ammirazione l'*astuzia* della volpe mentre la *saggezza* del serpente ci ricorda la frode, la doppiezza, la menzogna; la perversione cioè della qualità stessa della *saggezza.*

Quelli che vogliono aumentare la loro astuzia possono seguire i metodi già spiegati e i consigli che di seguito daremo.

Idealizzazione. Affinché possiate avere ben chiaro il concetto di questa qualità vi abbiamo precedentemente dato sufficiente materiale. È bene comunque fare attenzione a non confondere l'uso giusto della sua applicazione con l'abuso della stessa usando la menzogna, l'inganno e la doppiezza.

Visualizzazione. Evitando di raccontare ad altri ciò che state progettando e ciò che sapete, fate un ritratto di voi stessi mentre agite con acume, riservatezza, discrezione e avvedutezza. Immaginatevi di partecipare al grande giuoco della vita nel quale il vostro ingegno è contrapposto a colui che vi è contro. Cercate di prevedere le mosse del vostro nemico ma studiate anche le vostre mosse: siate vigili ed attenti, giocando secondo le regole.

Considerate esattamente il sentimento di questa qualità ed immedesimandovi in essa rendetela vostra. Pensate di essere un diplomatico e di possedere la saggezza del mondo, imparate a tenere i segreti e non abbiate il cuore sulle labbra; non parlate a nessuno delle vostre cose. Studiatevi lo spirito della volpe e cercate di percepire i segreti delle sue mosse. Leggete e studiate con attenzione le vite di diplomatici ed artisti cercando di capire i loro procedimenti mentali.

Azione idealistica. Esercitate e mettete in pratica la qualità in oggetto, manifestando ciò che avete visualizzato e idealizzato. Dominate l'espressione e i sentimenti, imparate a stare all'erta, prevenite le mosse e gli scopi altrui, usate l'intelletto per sviluppare ciò che gli esseri astuti e le volpi hanno di connaturato. Dei vostri sentimenti non esprimete neppure la decima parte e non dite neanche la metà di quello che pensate. Agite solo dopo aver riflettuto profondamente. Ricordate che sottostante ad ogni azione vi è sempre un *desiderio movente,* sia esso cosciente o subcosciente e quindi non crediate a tutto ciò che vi viene detto. Cercate di scoprire i procedimenti e i moventi mentali degli altri. Informatevi sui loro progetti, pensieri e sentimenti ma non rivelate mai i vostri. Domandatevi spesso «cosa vuole quest'uomo?» e rispondete sempre che egli cerca ciò di cui ha bisogno e che non ha. Tenete sempre presente che in qualsiasi questione includente il denaro, è sempre il denaro il motivo predominante. Studiate la natura umana e la psicologia; cercate di acquisire la saggezza del mondo, leggete, frequentate persone colte, ponendo in pratica ciò che da tutto questo avete imparato.

CAPITOLO TREDICESIMO

LE QUALITÀ EGOISTICHE

Le qualità mentali che sono in rapporto con la personalità o senso della individualità, coscienza dell'individuo, persona quale essere o entità separata, sono definite *qualità egoistiche.* E più esattamente l'individualità e la vanità. Queste qualità sono molto differenti materialmente, nonostante siano associate con la coscienza individuale o personale. C'è chi può avere molto sviluppata l'*individualità* e mancare di *vanità* mentre un vanitoso può essere privo di fiducia nelle proprie possibilità, caratteristica invece dell'individualità. La differenza esistente fra queste due qualità verrà posta in evidenza dalla seguente descrizione particolareggiata.

Individualità

Il rispetto di se stessi, la fiducia nelle proprie possibilità, la dignità e l'indipendenza sono le qualità che caratterizzano l'individualità. È il riconoscimento istintivo dell'*Ego* o *Sé reale* dell'individuo, strettamente collegato con la volontà, al centro della coscienza, che si trova sottostante a tutte le azioni fisiche e processi mentali. Quando abbiamo coscienza dell'*Ego sum,* dell'*Io sono,* riconosciamo l'esistenza dell'*Ego,* sottostante ad ogni azione, decisione o pensiero e sentimento. L'Io è sempre al centro di ogni azione, pensiero o decisione, sia che noi si dica «Io penso, Io sento o Io faccio».

Nel 1908 alla Università di Harvard, il prof. William Sturgis Bigelov tenne una conferenza su «Buddismo e Immortalità» ed in quella occasione definì lucidamente la natura essenziale e fondamentale dell'*io* come essenza della volontà, così come la volontà è l'essenza dell'individualità. Ecco cosa disse: «Tutti noi siamo coscienti della nostra esistenza e in questo includiamo diversi elementi distinti in modo piuttosto confuso: l'esistenza del nostro corpo materiale come oggetto di percezione sensoriale e le sensazioni piacevoli o penose che nascono nell'interno del nostro corpo e non esternamente ad esso; e le passioni e le emozioni. E ancora certe nostre attitudini e i loro opposti, l'esistere di certi desideri o disposizioni e dei loro opposti, e, per finire, l'esistere di un "qualcosa" di completamente diverso, più vicino al centro di qualsiasi altra cosa, ma diverso da tutte le altre forme, dato che è l'unica forma di coscienza che non subiamo passivamente. Ovvero la *volontà*. Usiamo dire che proviamo una certa sensazione, un'emozione o una sofferenza, ma non diciamo mai di sentire *la nostra volontà*. La volontà infatti è sempre attiva e soggettiva e pur non essendo né un'emozione o una sensazione, né una pena, è in grado di dominarle tutte, essendo una parte della nostra coscienza normale. Mentre le emozioni hanno origine internamente, le sensazioni nascono sia internamente che esternamente al nostro corpo e sono ambedue meno profonde della volontà e oggettive alla stessa volontà. Non possiamo definire la volontà con i termini relativi a qualsiasi altra forma di coscienza. La coscienza della volontà è *diretta,* e noi siamo coscienti attraverso i nostri corpi e dei nostri corpi. Non possiamo modificare la coscienza della volontà né possiamo separarci da essa né starle innanzi perché è essa stessa che modifica tutto ai suoi fini. Essa non è *mai oggettiva* per altre forme di coscienza; mentre queste sono *oggettive per essa*».

Per la sua debolezza può essere sopraffatta dalle passioni, dalle emozioni se troppo forti, ma la sua attitudine nel resistere loro o nel dirigerle è sempre necessariamente ed essenzialmente *attiva.* La coscienza della volontà esiste soltanto nella forma *oggettiva,* perché se non è *attiva* non è *volontà.* Essa si trova sovrastante e sottostante a tutte le altre forme di coscienza e le influenza tutte. Non vi è assolutamente nulla di più profondo nella nostra coscienza, e la sua enorme forza sta nella possibilità di creare nuove forme di coscienza. È quindi l'affermazione di una forma di coscienza che dal centro si proietta all'esterno. «Io penso quindi sono» disse Cartesio ma sarebbe stata una formula perfetta se avesse invece detto «Io voglio perciò sono».

L'essenza dell'individualità è il riconoscimento e la coscienza di questa volontà basilare. È dall'interno che scaturisce la vera forza dell'*individualità,* la dignità nasce dalla coscienza interna o realtà mentre la qualità personale della vanità scaturisce dallo stato personale, dalle qualità della personalità, comunque dall'esterno. La fiducia nelle proprie possibilità, il rispetto di se stesso, il senso di una potenza interiore, un forte desiderio di affermazione di libertà e un giusto orgoglio sono le caratteristiche di chi ha una *individualità* ben sviluppata. Come pure amore del senso del potere e ciò non per mera vanità ma per sentimento di intima soddisfazione. Penserà di conseguenza e parlerà con autorità, tenderà ad occupare posti direttivi. Questa qualità è spesso innata ed è stata patrimonio di molti uomini di successo, ma se in alcuni è deficiente, essa può venire arricchita e migliorata seguendo i metodi che abbiamo espressi in questo libro, uniformandoci alle successive indicazioni.

Idealizzazione. Detta qualità è stata ampliamente descritta precedentemente e quindi ognuno sarà in grado di averne un'idea chiara e precisa, comunque la lettura dei Saggi di Emerson sulla *Fiducia in sé* aiuterà maggiormente il lettore a farsi un concetto più vivo e chiaro di questa qualità.

Visualizzazione. Ripetetevi «*Io sono*» con intima comprensione lasciando scorrere in voi il sentimento del potere della volontà. Pensate a voi come se foste un centro di volontà e coscienza nell'immenso mare della volontà. Imparate a contare unicamente sulle vostre possibilità, rispettatevi e sappiate prendere da solo una decisione evitando di appoggiarvi agli altri, e guardate il mondo a testa alta dicendo «*Io sono un Uomo*» al pari di Black Hawk e Jackson. Essere un *individuo,* e non un essere fluttuante e variabile, ed essere, nell'Energia Eterna ed infinita nella quale procedono tutte le cose, un Centro di *coscienza individuale.*

Azione idealistica. Mettete in pratica la qualità dell'*individualità* e dopo aver ascoltato il caso ed aver considerato gli argomenti pro e contro, agite di vostra iniziativa e decidete secondo vostro giudizio ... Fatevi rispettare senza esagerare ma manifestate il vostro intimo potere che è il segno dell'autetica forza e grandezza. Liberatevi dal senso di falsa umiltà e non consideratevi come un verme strisciante sulla terra. Tenete alto il capo e fissate la gente negli occhi. Fate in modo di avere il rispetto degli altri e certamente l'otterrete. Siate davvero una *individualità* e non soltanto una personalità, modellando la vostra vita sui dotti insegnamenti che Emerson vi dà nei suoi saggi sulla *Fiducia in sé.*

Vanità

Pur differendo materialmente dalla individualità la qualità mentale della *vanità* ha relazione con la *personalità*. Mentre l'individualità dipende dal cosciente bisogno della forza interna, la *vanità* dipende da possessi, apparenze, personalità e dalle sue caratteristiche. La vanità può dirsi «lo stato di presunzione, ostentazione, vanagloria, orgoglio personale, millanteria». Avere cioè un'altissima opinione di sé, delle proprie prodezze, di cose non sostanziali ma solo appariscenti, vanità presuntuosa di onori personali che spinge ad un'ansietà morbosa affinché gli altri sappiano, diano il loro plauso. «La vanità — dice Cogan — è quel certo tipo di orgoglio che ricerca l'applauso di tutti entro il suo raggio d'azione traendo profitto in ogni occasione per fare sfoggio di supposte qualità e superiorità, presumendo di possedere superiorità su certi determinati soggetti. Vuoto, vano, senza valore è il significato della parola latina *vanus,* dalla quale deriva vanità e spesso indica la natura negativa di tale qualità nel senso di nullità, futilità, illusione. L'orgoglio della personalità, nella vanità, è *negativo,* mentre quando sono presenti la fiducia nelle proprie forze, il rispetto di se stessi, l'orgoglio dell'individualità è certamente *positivo.* Qualcuno ha detto che l'orgoglio e la vanità non hanno lo stesso significato e non sono neppure simili; infatti mentre l'individuo orgoglioso è convinto e soddisfatto di sé e non si preoccupa di quello che il mondo può pensare di lui e non fa nulla di particolare per conciliarsi la buona opinione degli altri, il vanitoso non è certo della buona opinione che ha di se stesso e fa in modo che questa gli venga confermata dagli altri». Per questo ogni sua azione viene resa pubblica. Uomini e donne di natura meschina sono portati alla vanità mentre gli uomini davvero grandi sono soggetti alla tentazione dell'orgoglio. «Così come la *vanità* è simboleggiata dal pavone, altri animali veramente potenti manifestano chiaramente il loro *orgoglio*».

La vanità troppo sviluppata rende estremamente sensibili all'adulazione. I vanitosi temono il giudizio del pubblico, il biasimo e sono molto amanti della lode e dell'ammirazione, cercano l'approvazione degli altri, la notorietà e soffrono se nessuno si accorge di loro. Per questo si evidenziano, si mettono in mostra al fine di attirare l'attenzione spesso facendo sfoggio sensazionale di sé. Sono inclini alle cerimonie, all'affettazione, ambiscono ai titoli, ai gradi, alle cariche, sono gelosi dei loro pari e di coloro che sono di poco socialmente superiori e particolarmente tronfi e pomposi con coloro che reputano inferiori, mentre si umiliano, si abbassano dinnanzi a quelli che appartengono a ranghi elevati e dei quali desiderano la stima e l'attenzione. Sono, a seconda delle circostanze, tiranni odiosi o ossequianti parassiti. Si privano dello stretto necessario pur di far sfoggio nel mondo, trascurano di coltivarsi internamente, ma si mettono in bella mostra all'esterno, cercando di acquistare sempre maggiore popolarità, cercando di attirare l'attenzione su di sé. Sono estremamente sensibili alle critiche e gioiscono eccessivamente alle lodi, si schierano a fianco del più forte vessando e ignorando il più debole e si perdono molto spesso in frivolezze dimostrandosi grandi sostenitori delle cerimonie e della forma.

Naturalmente, è necessaria una certa osservanza delle apparenze e delle forme convenzionali per non essere tacciati di non rispettabilità o di «originalità» ed è solo

Differenza tra orgoglio e vanità

per opportunità che l'uomo fortunato prende in certa considerazione le convenzioni sociali, le regole del vestiario ecc. Ma non si lascia ingannare da queste superficialità limitandosi a ricoscere quanto siano esse invece importanti per la maggioranza. Così, egli fa il proprio giuoco secondo le regole, ma intimamente ride di queste stupide cerimonie e regole pur riconoscendo la validità di abiti ed accessori utili alla rappresentazione che egli dà conformemente alle esigenze dello spettacolo. Dietro la maschera, sotto gli ornamenti, nella ricchezza della scena, egli non dimentica di essere l'*individuo,* il *vero uomo,* mentre rappresenta la parte affidatagli considera che il mondo è tutto un palcoscenico. Quest'*uomo* è al di sopra della *vanità.*

L'uomo realmente fortunato riconosce l'effetto stimolante della celebrità e degli applausi, ma non si lascia ingannare da essi, perchè sa esattamente che l'incostanza della folla sarà quella che domani potrà fischiarlo o lapidarlo. Egli non ignora che il popolo spesso inneggia al ciarlatano e ignora ed offende chi invece possiede vero merito, valuta perciò il carattere per suo conto e la reputazione per opportunismo, cercando invece dentro di sé l'approvazione della propria coscienza cioè «*fa il bene per il bene*» non dimenticando nel contempo di incontrare il gusto del suo pubblico e averne l'appoggio.

Nel suo cuore egli si atterrà al verso tolto dal «Kasidah» di Burton: «*Fai ciò che l'umanità richiede e non aspettarti applausi che da te stesso: vive e muore nobilmente solo chi si fa una propria legge e la segue. Ogni altra Vita non è che Morte vivente, un mondo di soli fantasmi, un respiro, uno zeffiro, un suono, una voce, un tintinnio di campanello del cammello*».

La vanità è quasi sempre presente negli uomini e pochi sono quelli che hanno bisogno di sviluppare tale qualità. Se esistono, essi devono assicurarsi l'approvazione popolare sforzandosi di rappresentare meglio la loro parte cogliendo l'opportunità dell'apparenza esterna. Alcune manifestazioni di vanità sono necessarie per ottenere il successo, ma senza lasciare che questo sentimento ci penetri dentro si possono manifestare tali apparenze esterne per opportunismo. Essendo la *vanità* solo vuota illusione, per quanto sia così rappresentata nel mondo e nella vita, solo per opportunismo dobbiamo mostrarla, poiché essa è tutt'al più una qualità negativa e priva di valore reale.

È necessario quindi sviluppare la qualità dell'*individualità* essendo questa l'opposto della *vanità* e concentrarsi su questa. Accettate soltanto il reale ed agite in conformità con ciò che la coscienza, il discernimento, la ragione vi indicano come migliore e liberatevi con noncuranza dalla critica e dai commenti avversi. Agite rettamente e come dice l'educatore inglese, «non date alcuna spiegazione, soprattutto non scusatevi; agite lasciandoli urlare» ricordando che «essi dicono quello che dicono; quindi lasciateli dire» o meglio ancora sviluppate la spina dorsale morale e ... lasciate tempestare i pagani. Non lasciatevi mai dominare dall'opinione pubblica, non lasciatevi calpestare da essa, ma plasmatela e maneggiatela se ciò vi è necessario, sia per il vostro interesse che per le vostre tendenze. Se date valore poi al «pavoneggiarsi» non statevene alla chiara luce del sole come coloro che hanno un esatto senso dei valori reali, ma andate a godervi il pallido chiarore della luna.

CAPITOLO QUATTORDICESIMO

LE QUALITA' PER RENDERSI PIACENTI

Consideriamo ora quelle facoltà mentali idonee a renderci graditi agli altri, o più esattamente *piacenti* agli altri anche se questo termine un po' troppo generico è il solo adatto a rendere chiare le caratteristiche di queste qualità mentali.

Da queste che abbiamo definito qualità piacenti Barrie ha tratto una commedia *Ciò che tutte le donne sanno* definendo la manifestazione di queste qualità con il termine di «fascino». Non è certo facile definire esattamente in che cosa consista il «fascino» o il modo di piacere; si tratta comunque di cosa molto sottile e la sua influenza è molto importante. Il fascino indefinibile che molti individui posseggono li rende subito *piacenti* a coloro che li avvicinano mentre altre persone che non lo posseggono, respingono totalmente gli altri. Esaminiamo quindi il termine «piacente» che deriva da «piacere» ovvero «incantare, allietare, soddisfare, accontentare, acquistarsi la stima altrui, incontrare simpatia, dare, insomma piacere». Piacente quindi significa che «piace, che appaga la mente e i sensi». Vediamo quindi più esattamente di definire quali sono le qualità mentali che possono «allietare, appagare la mente di coloro che avviciniamo».

L'*allegria,* la *soavità,* il *tatto* sono quindi le «qualità di piacere» che determinano il «fascino» nella maggioranza degli individui simpatici. Certamente ciascuna di queste qualità deve essere riordinata e suddivisa, ma in

Qualità per rendersi piacenti

linea di massima questa prima classificazione risponde alla considerazione generale.

Allegria

Non è necessario nessun argomento per chiarire che una persona gaia e piacevole è molto più gradita di un'altra triste o «imbronciata», per questo abbiamo classificata «l'allegria» come prima fra le qualità piacenti. Ricordiamo che «l'allegro Jim è sempre una compagnia più piacevole dell'imbronciato Jules». E' provato che noi risentiamo dell'umor nero degli altri, e che, nel nostro profondo, godiamo della compagnia di un essere gioviale e allegro e non della vicinanza di un individuo sempre brontolone ed immusonito. Un atteggiamento pessimistico non favorisce il nascere di un'amicizia, mentre l'ottimismo crea immediatamente un'atmosfera piacevole atta a determinare un rapporto amichevole. L'uomo che è sempre pessimista e che si lamenta in continuazione dei propri guai, o di quelli dell'umanità è universalmente riconosciuto come un seccatore e un noioso, mentre chi vede la vita ottimisticamente, il bello in ogni cosa è gradevolmente considerato e bene accetto perché riesce ad infondere allegria e un senso di benessere. Questo può sembrare un atteggiamento troppo egoistico, ma risponde esattamente alla realtà e quindi come tale deve essere preso in considerazione. Un poeta disse, a conferma di quanto detto:

«Ridete e il mondo riderà con voi;
Piangete e piangerete solo.
Perché questa vecchia triste terra,
Ha bisogno di allegria
Ha già abbastanza dei propri dolori».

L'*allegria* è benevolmente contagiosa. Le lacrime e i pianti non sono affato graditi, e una bocca ridente attirerà sempre più che un'espressione triste e lacrimosa. Certo, non è necessario essere il «buffone di corte» perché questo atteggiamento provoca assai presto stanchezza e disgusto negli altri, ma è necessario mantenersi sempre nella condizione mentale di «allegrezza, felicità, contentezza». Nel Giappone, il codice di etichetta delle classi più elevate, il «Bushido», indica al giovane nobile giapponese come conservare, nel caso di un grave dispiacere o dolore, un atteggiamento esterno gaio e piacevole. Infatti dimostrare dolore, tristezza, preoccupazione davanti ad altri è indegno e disonorante; essi considerano ingiusto che un estraneo si intrometta nelle loro angustie personali. Il «Bushido» crea nei suoi seguaci un orgoglio stoico, al punto che essi disdegnano di mostrare le loro ferite o di avere il cuore sulle labbra. A molti di noi occidentali farebbe un gran bene sentire un poco di questo orgoglio e nascondere le nostre preoccupazioni e i nostri dolori al mondo, per mostrare invece, un viso più sorridente. Questo ci renderebbe certo più graditi agli altri, creandoci una personalità più «piacente» e inducendo in noi, a causa delle leggi psicologiche altrove esposte, un sentimento sereno che ci aiuterebbe a mantenere il rispetto di noi stessi e il senso di potere del *vero Io.* Ricordiamo insieme l'immortale poema di Henley, l'*Invictus:*

«Al di fuori della notte che mi ricopre
nera come una miniera di carbone dall'uno
all'altro polo
io ringrazio qualsiasi Dio esistente
per la mia anima indomita.
Afferrato dagli artigli delle circostanze

non mi sono accasciato né ho gridato ad alta voce
sotto il ferreo bastone della sorte
la mia testa sanguina ma non si piega.
Non fa niente se la porta è angusta
se la pagina del mio destino è carica
di punizioni.
Io sono il padrone del mio Fato.
Sono il capitano dell'anima mia...».

Coltivate dunque lo spirito ottimistico, imparate a vedere il lato luminoso delle cose, mantenete e coltivate il senso umoristico ed acquisterete il consenso dell'umanità. E' necessario quindi coltivare l'attitudine mentale all'allegria, alla contentezza, alla felicità: ridete *con* le cose piuttosto che *delle* cose. Per molti problemi la soluzione migliore è certamente una risata, e se vi unirete alla fila dei filosofi del riso sarete sempre ricordati benevolmente.

Soavità

Soavità è definita come «l'arte di essere graziosi, cortesi, simpatici, affabili, gai e di modi gentili ed affascinanti». E' questa la seconda delle qualità «piacenti», e *soave,* vocabolo derivante dal latino *suavis,* che significa «dolce», vuol dire essere gentili di modi, affabile, cortese. La *soavità* significa dimostrarsi pieno di attenzione e gentilezza verso gli altri, nell'essere osservante delle norme della cortesia, nel mostrare il lato migliore e più simpatico della nostra natura, nel trattare gli altri, nel modo in cui *noi stessi vorremmo essere trattati.*

La vera *cortesia* nasce da un vero, reale interessamento verso coloro che avviciniamo, cercando di scoprire negli altri il lato migliore e non il peggiore, facendo il possibile, cioè per scoprire la vera anima dietro la maschera della personalità e individuare il loro più alto ideale senza soffermarsi soltanto all'imperfetta manifestazione di questo stesso ideale.

Facendo ciò possiamo veramente mostrare *cortesia* e vera *soavità,* invece della contraffazione che spesso nasconde la realtà e che è puro formalismo mancante di calore vitale, cortesia fredda ed artificiosa, mancante di naturalezza.

Se questa attitudine mentale fosse immessa in noi stessi, non dovremmo più occuparci delle piccole astuzie della personalità che consideriamo generalmente, soavità e cortesia. Quell'indefinibile sentimento, che è proprio del vero gentiluomo, la «cosa reale» universalmente riconosciuta in ogni classe sociale e in ogni razza, il sentimento interiore sicuramente si manifesterebbe come vera *cortesia* e *soavità.*

Tatto

Il *tatto* è definito come «fine discernimento che permette di fare o dire esattamente ciò che è richiesto in particolari circostanze, o che è adatto a queste». «Qualità sottile» che è tanto importante nella vita e negli affari e in ogni rapporto sociale. *Tatto* deriva dal latino *tactus* che significa «toccare», e con questo vocabolo si definisce anche il «contatto o sensazione». È cioè la manifestazione di un *senso* fine, rapporto o unione fra noi e un'altra persona; questa è la chiave del segreto del tatto. Affinità con *l'istinto* o *l'intuizione;* chi lo possiede, sente esattamente ciò che deve o non deve essere detto, e il modo esatto di dire una cosa giusta.

Questo istinto o sentimento nasce dalla comprensione della psicologia umana e dalla natura, dalla vera conoscenza dei nostri simili e dei loro pensieri e dei loro sentimenti e delle loro necessità. In molti questa comprensione è innata e naturale, mentre in altri deve essere acquisita.

A quelli che desiderano acquisirla, Fowler ha dato utili indicazioni, consigliandoli di osservare attentamente le azioni degli altri onde scoprirne i movimenti e le cause, ponendo particolare attenzione alla espressione degli occhi delle persone osservate, uomo donna o bambino, come se voleste leggere nel loro pensiero e assorbire il significato della loro espressione, chiedendo a voi stessi cosa abbia ispirato quell'espressione o quell'azione. Traete quindi le vostre considerazioni dall'aspetto generale, dal linguaggio e dalle manifestazioni dell'individuo esaminato e fidatevi dell'impressione naturale che avete avuto da tutto ciò.

Considerate la natura umana sia come filosofia che come sentimento.

Ma è necessario qualcosa di più della sola comprensione scientifica della umana natura, per acquisire tatto: lo studio della della natura umana è cosa di competenza del cervello, nel «tatto invece vi è qualcosa di più intimamente collegato con il cuore e con il *sentimento* della mentalità».

Forse il termine *simpatia* sarebbe adatto a definirlo, se spesso non significasse equivalente di compassione. Vi è infatti un tipo di «simpatia» che può manifestarsi soltanto come sentimento per il prossimo o compassione. Avere invece il «sentimento» verso il prossimo, considerare le cose dal *suo* punto di vista, comprendere realmente la vera natura spirituale o mentale di un individuo, significa possedere *tatto*. La parola greca «simpatia» significa sentire insieme, così come per gli inglesi è la qualità di percepire lo stato altrui, con identici sentimenti anche se non con la stessa intensità, comunque corrispondenti a ciò che l'altro individuo sente. La piena manifestazione del *tatto* e lo stato che lo determina può definirsi come «comprensione simpatica». Infatti prima di poter sperare di agire con *tatto* bisogna mettersi al posto di un altro individuo.

Uno scrittore ha recentemente espresso questa idea ispirandosi alla compravendita, affermando che è necessario porre interesse e vita in ogni affare, anche se piccolo, se si vuole dare incremento alla propria attività quando si esercita un commercio. I vostri affari prospereranno se farete in modo che ogni vostro cliente senta che voi fate davvero il *suo* interesse quanto il *vostro,* non soltanto incassando del denaro in cambio di buona merce, ma avendo *interesse personale* per le *sue* necessità e dimostrando che siete onestamente desideroso di accrescere il suo benessere. Non sarà quindi necessario, per ottenere questo dare premi o merce migliore a minor prezzo.

Questo sosteneva un anziano commerciante che desiderava che i commessi si dimostrassero più favorevoli al cliente che al loro padrone. In questo caso il commerciante dimostrava di avere una buona conoscenza della filosofia degli affari e ci illustra la vera essenza del *tatto.*

Soltanto mostrando interesse, comprensione verso coloro che incontrate, imparando a vedere le cose dal loro punto di vista potrete raggiungere quel «sentimento del prossimo» che è l'intima essenza del *tatto*

La idealizzazione, visualizzazione e l'azione idealistica possono servire per meglio sviluppare le qualità per piacere, e possono inoltre offrirci insegnamenti per migliorare i metodi di lavoro.

CAPITOLO QUINDICESIMO

LE QUALITÀ DEL RAGIONAMENTO

Le *facoltà ragionanti* appartengono alla fase dell'attività mentale pensante, e sono in stretto rapporto con il campo volontario o cosciente della mente, e non connesse al campo subcosciente come le qualità considerate nei precedenti capitoli e basate sui sentimenti, disposizioni naturali e predisposizioni.

Possiamo definire le *facoltà ragionanti* in qualità percettive, comparative, e induttive.

Qualità percettive

Le facoltà *percettive* sono l'introduzione alla conoscenza e si riferiscono al delicato lavoro della osservazione, alla comprensione e percezione delle impressioni attraverso i sensi.

A questo proposito Halleck dice: «La *percezione*, coadiuvata dalle nostre altre facoltà è quella che ci dà la nostra prima esatta conoscenza e che interpreta i materiali grezzi forniti dalle sensazioni. E' il suo potere che interpreta una massa rossa come una mela ed un grappolo d'uva in una macchia color turchino e il riccio di una castagna nella sensazione di una puntura. Il bambino, nei suoi primi anni di vita ha soltanto sensazioni vaghe e nebulose; e non è in grado di definirle o interpretarle come uva, mela o riccio di castagna, e ogni cosa dal gusto dello zucchero o il tatto della seta, sono semplici sensazioni. Finché la *percezione* non interpreterà il loro linguaggio, le sensazioni, che peraltro parlano sempre al nostro orecchio mentale, non saranno intelligibili. Il mondo appare come un corpo coordinato in modo da spingere al muro l'ignorante e l'incapace al fino di far posto a chi sia più idoneo».

Resta famosa l'affermazione di Darwin di questa verità espressa come «la sopravvivenza del più idoneo». Cioè la possibilità dell'individuo di sopravvivere alla lotta ogni giorno più feroce. Avremo così una conoscenza molto più profonda di tutto quello che scopriamo da noi stessi piuttosto che non di quello che leggiamo o sappiamo dagli altri. I pellerossa, pur non avendo mai letto un libro sanno scoprire la presenza del nemico o della preda dall'acuta osservazione che fanno di una foglia capovolta, un ramo spezzato, un avvallamento del terreno, o da una spirale di fumo. I cacciatori del Kentucky impararono proprio dagli Indiani a far buon uso dei propri sensi. Il successo di molti uomini ignoranti nel campo degli affari dipende dal fatto che essi sono acuti osservatori e invece di affannarsi sui libri, imparano molto dalla vita direttamente.

«La *percezione,* — dice Brooks — è la fonte istantanea del primo tipo di conoscenza e fonte indiretta della seconda specie di conoscenza e fornisce al nostro intelletto ciò che serve per trarre idee e verità oltre il campo dei sensi; dandoci infatti la possibilità di acquisire la conoscenza delle cose esterne, questa porge occasioni al *potere dell'intuizione* fornendo materiale per le operazioni intellettive. Si può dire quindi che la *percezione* è alla base di ogni conoscenza. In tempi più remoti la natura veniva studiata attentamente, molto più a fondo che non ai nostri giorni in cui si trascurano lo studio e lo sviluppo dei poteri percettivi dell'uomo. Infatti, gli uomini di una volta, non possedendo testi da cui attingere nozioni dovevano affidarsi interamente ai loro sensi e questo li rendeva assai più attivi, esatti ed attenti ricercatori. Oggi per acquistare conoscenza degli oggetti esterni noi studiamo sui libri troppo esclusivamente, trascurando lo sviluppo dei nostri sensi. La conoscenza del mondo materiale avviene in noi quasi di seconda mano, non direttamente cioè dal libro della vita. Quanti di noi sono in grado di saper distinguere tra una foglia di faggio ed una di quercia? O tra un esemplare di granito, quarzo o marmo? Appare chiaro, negli scolari di oggi la mancanza di *approfondimento* dei poteri *percettivi;* solo pochissimi tra gli uomini di cultura sono buoni osservatori perché a loro è stato insegnato a pensare e ricordare, ma non certo a far buon uso dei loro occhi ed orecchi. Ne deriva quindi un evidente annebbiamento dei poteri naturali di percezione dovuto al fatto di aver adoperato libri come occhiali per vedere la vita».

Per dire come Halleck: «L'*attenzione* è la chiave ben sviluppata ed allenata per la percezione; qualsiasi cosa può riflettersi sulla retina senza che la *percezione* sia destata e solo con uno sforzo concentriamo l'*attenzione* sulle cose che il mondo presenta ai nostri sensi. Solo pochissime delle cose che avvengono sotto i nostri sensi vengono percepite attualmente e per ottenere buoni risultati la percezione deve avvalersi dell'aiuto della *volontà* per concentrare l'*attenzione*».

Dice Brooks: «Dovremmo concentrare l'attenzione su ciò che guardiamo fissando la mente sugli oggetti che guardiamo e vincere l'abitudine di guardare con negligenza, con occhi disattenti e noncuranti. Dovremmo acquistare l'abitudine di osservare attentamente. L'*attenzione* è come una lente rispetto alla percezione, una lente che, posta fra il sole ed un asse, concentrando i raggi solari farà ardere e bruciare l'asse stesso. L'*attenzione* quindi concentra il potere della *percezione* e illuminando la mente permette a questa di penetrare oltre la superficie delle cose».

Ritornando ad Halleck vediamo che «l'arte più difficile è osservare le cose con intelligenza e la prima regola per ottenere un'attenta percezione è di non cercare di capire tutto insieme un oggetto complesso. Un voltò umano bisogna osservarlo attentamente per non confondere le fisionomie, come accadde ad un uomo che dirigeva un importante ufficio e che si era reso sgradito a molti perché non era fisionomista e confondeva una persona con l'altra. Egli infatti non osservava attentamente i particolari del viso delle persone e confondeva quindi l'uno con l'altro. Quando imparò ad osservare più attentamente i lineamenti ed i particolari di ciascun volto non gli capitò più di scambiare le persone. Bisogna quindi osservare minutamente i dettagli e non vedere una cosa soltanto come una massa indistinta posta in qualche luogo».

Da Brooks sappiamo che «gli oggetti si presentano a noi come un tutt'uno e attraverso l'analisi separata degli elementi che li costituiscono noi raggiugiamo la loro definitiva conoscenza. Si dovrà quindi porre sempre la massima attenzione nell'osservare i dettagli di qualsiasi cosa che cada sotto la nostra *considerazione* e abituarsi ad *osservare* minutamente. Come faceva un certo maestro al quale bastava una sola occhiata per poter descrivere esattamente l'aspetto e il vestito di un qualsiasi visitatore che fosse entrato nella sua aula mentre egli faceva lezione. Un banchiere esperto riconosce in un mucchio un biglietto falso e lo scarta anche se apparentemente il biglietto si presenta senza alcun difetto tra gli altri che egli sta velocemente contando».

Chi non ricorda il celebre prestigiatore francese Houdini che riuscì a raggiungere un altissimo sviluppo delle sue facoltà di *percezione* e *attenzione* al punto di saper descrivere minutamente tutti gli oggetti esposti in una vetrina dopo essere passato davanti ad essa un solo istante e aver data una sola occhiata? Egli comunque asseriva di non fare nulla di straordinario e dichiarava che qualsiasi signora sarebbe in grado di descrivere minutamente il vestito di un'altra ed i particolari del cappello e delle scarpe avendola vista passare un solo momento e di corsa...

Possiamo quindi sviluppare la *percezione* seguendo i metodi più sopra descritti: *idealizzazione, visualizzazione* ed *azione idealistica*. Il volume intitolato *Il segreto della memoria**, potrà servire ulteriormente allo sviluppo della *percezione*. Essa è la porta che conduce alla conoscenza perché noi ricordiamo solo ciò che abbiamo percepito e conosciamo solo ciò che ricordiamo.

Qualità comparative

Le qualità *comparative* seguono le qualità *percettive* e hanno la funzione di scomporre un concetto nelle parti che lo compongono ovvero la proprietà, la qualità e gli attributi dello stesso, prescindendo dall'oggetto considerato come un tutto, e paragonando l'intero e le parti con altri interi ed altre parti; perché prima di poter fare un paragone tra una cosa ed un'altra dobbiamo analizzare gli attributi, le proprietà e la qualità di una cosa, e questo perché il paragone è la presentazione di

*William W. Atkinson *Il segreto della memoria* Ed. Napoleone, Roma 1986

somiglianze o *differenze* di qualità. Considerando che *paragonare* significa avvicinare più cose per poter valutare le loro rispettive proprietà, attributi, poteri e qualità attraverso il contrasto, la differenza o la somiglianza ed *analizzare* significa invece «chiarire» ogni cosa, di qualsiasi specie, nelle sue varie parti che la costituiscono. *Generalizzare* invece si intende per riunione di molti oggetti tra di loro simili sotto certi aspetti di una classe o nome o gruppo, passare dal particolare al generale, *classificare,* portare cioè alcune serie di fatti o un fatto particolare in relazione ad un più vasto gruppo di fatti analoghi.

E' evidente quindi che l'*analisi,* il *paragone* e la *generalizzazione* fanno parte di un solo processo mentale che si inizia con l'analisi che precede il confronto che a sua volta è seguito dalla formazione delle diverse classi.

William James afferma che l'ingegno nello scoprire le varie differenze viene sollecitato dall'interesse personale o pratico, che viene nell'ottenere dei risultati attraverso l'analisi, e l'esercizio e l'allenamento di questa facoltà d'analisi produce lo stesso effetto dell'interesse personale, che in altre circostanze sarebbe prodotto da differenze più notevoli, mediante piccole differenze oggettive.

L'*astrazione* si definisce come il procedimento di estrarre le qualità particolari di un oggetto da altre qualità inerenti lo stesso oggetto, particolarità appunto che vogliamo osservare e sulle quali riflettere, concentrando la nostra coscienza particolarmente su di esse. L'*astrazione* è quindi la caratteristica dell'analisi e del confronto. Halleck dice che «l'astrazione è il concentrarsi del potere dell'attenzione su certe determinate qualità con l'esclusione di altre qualità, e che nel far ciò noi ci preoccupiamo solo delle qualità comuni alle classi in questione, ritirando la nostra attenzione da un mucchio di dettagli confusi e senza importanza».

La *generalizzazione* si definisce come il passare dal particolare al generale classificando o riunendo in un solo gruppo diversi oggetti simili sotto certi aspetti di un gruppo o di una classe o nome generico. Bolingbroke dice che in questo procedimento la mente fa un grande sforzo per generalizzare le proprie idee giungendo alle meno comuni attraverso le più conosciute. Halleck afferma che abbiamo la tendenza a riunire in una unica classe o genere oggetti che hanno qualità simili e che certe qualità possono essere applicate in egual modo a tutti gli oggetti appartenenti a quella classe.

Quello che definiamo *ragionamento deduttivo* è molto simile al lavoro delle qualità comparative e possiamo definirlo come la scoperta di particolari verità tratte da generali verità. La separazione analitica di una generale verità in tutti i suoi particolari, una scomposizione dell'intero nelle sue diverse parti componenti, è il processo *analitico* della *deduzione.* Per dare un esempio di ragionamento deduttivo diremo che tutti gli uomini sono mortali, che Socrate è un uomo e che quindi Socrate è mortale. Di questo procedimento *deduttivo* Brooks dice che la deduzione, scendendo dalla verità superiore arriva alla verità inferiore, dalla legge al fatto, dalla causa al fenomeno conseguenziale. Mediante la *deduzione* noi possiamo discendere dalla legge ai fatti che rientrano in tale legge, anche se ignoriamo i fatti avvenuti precedentemente, e dalla causa passiamo ai fenomeni precedentemente osservati e a quelli sconosciuti. L'antico assioma della logica afferma che tutto ciò che è verità per intero è verità per le parti che la compongono e le basi primarie della *deduzione* si poggiano su questo assioma perché «tutto quello che è verità in generale è verità nel particolare».

Per esercitare e mettere in pratica le *qualità comparative* potrà servire il seguente «Sistema di analisi» preso dal volume *Il segreto della memoria* citato Potremo applicarlo a noi stessi ponendoci le seguenti domande, riferendoci a qualsiasi cosa da noi presa in esame:

Da cosa ha avuto origine e da cosa deriva?

Che cosa l'ha causata?

La sua storia qual è?

Quali sono i suoi attributi, le caratteristiche e le qualità?

A cosa assomiglia di più e a cosa possiamo associarla?

Cosa possiamo farne, come possiamo utilizzarla e a cosa può servire?

Cosa possiamo dedurne a seguito di ciò che dimostra?

Cosa può derivarne e quali sono i risultati naturali?

Qual è il suo fine ultimo, il suo risultato probabile o naturale e quale il suo avvenire?

Quali sono le nostre impressioni in merito e cosa ne pensiamo?

Quali informazioni possediamo in merito?

Da chi e dove ne abbiamo sentito parlare?

La successiva serie di domande è stata chiamata la «chiave magica della conoscenza» e si applica ponendosi domande relativamente al soggetto o oggetto preso in esame. Poiché apre molte porte della mente è stata così chiamata nel libro *Il segreto della memoria* dal quale è tratta:

Che cosa?

Dove?

Da dove?

Quando?
In che modo?
Perché?
Verso che cosa?

Le qualità induttive

Per qualità *induttive* intendiamo quelle relative al ragionamento che risale alle verità generali attraverso le verità particolari, e alle leggi generali attraverso i fatti particolari. Il *ragionamento induttivo,* a detta di Mills, è l'operazione mentale che ci permette di desumere che ciò che è vero in uno o più casi simili, deve essere vero in tutti gli altri casi che in qualche modo somigliano ai precedenti. L'*induzione* è quindi l'iter attraverso il quale concludiamo che quello che è vero per singoli elementi appartenenti ad una stessa classe è vero per tutta la classe; e che ciò che è vero in un certo periodo sarà identico in altri periodi nelle stesse analoghe circostanze. Halleck afferma che l'uomo attraverso la propria esperienza o quella di altri deve scoprire le maggiori premesse dalle quali trarrà le proprie conclusioni. L'*induzione* ci serve per osservare un certo numero di casi individuali che riteniamo sufficienti, e quindi arriviamo alla conclusione che tutti quelli che non abbiamo esaminato, obbediranno alla stessa legge generale. La *deduzione* ci servirà soltanto quando le maggiori premesse saranno state formate, gli oggetti classificati e le leggi generali stabilite. Per portare un esempio diremo che prima di stabilire attraverso il ragionamento che Socrate è mortale in quanto uomo perché tutti gli uomini sono mortali, bisogna, attraverso l'*induzione* concludere che *tutti* gli uomini sono mortali, useremo perciò il nostro ragionamento giungendo alla legge generale passando dai fatti particolari. Si ha conoscenza del metodo scientifico del ragionare — il nostro *ragionamento induttivo* — sin dai tempi di Ruggero Bacone, successivamente usato da Galileo Galilei e compilato in un sistema generale da Francis Bacon. In seguito Jevons dice: «La *logica induttiva* ricerca i metodi di ragionamento più validi per giungere alla conoscenza delle leggi della natura scaturite dall'esame degli eventi e dei fatti. Tale forma di ragionamento è chiamata ''ricerca induttiva'' o ''induzione'' ed è la forma di ragionamento che usano i nostri più grandi scienziati. Si compone delle seguenti quattro fasi e cioè: dell'osservazione preliminare, formulazione di ipotesi, ragionamento induttivo e verifica».

Secondo Brooks l'*induzione* è un processo sintetico, di pensiero, che dalle parti arriva al tutto, in quanto la legge generale raccoglie i fatti particolari riunendoli in una unità di pensiero e di principio. L'antico assioma della logica afferma che «ciò che è verità per i singoli è verità per tutti» ed è qui che ha la sua base il *ragionamento induttivo*. Quando la qualità dell'*induzione* è ben sviluppata in un individuo, questi è capace di afferrare i princìpi generali, di applicarli, di ragionare sulle cause o leggi che governano le cose. Fowler dice che «l'individuo ricco di induzione è portato a sapere il come e il perchè delle cose e di scoprirne le leggi; ha una grande capacità di inventare, progettare, trovare, disporre le cose in modo da giungere al pieno successo prevedendo i risultati; di sintetizzare e unire insieme le cose nel modo migliore. Ragiona in modo chiaro ed esatto, giungendo alla causa considerandone l'effetto, perché possiede la facoltà di ricercare le cause e il potere di applicazione. E' potente nel ragionamento e profondo nella filosofia unendo a ciò una vasta originalità della mente e molta forza di comprensione; possiede inoltre la possibilità di percepire immediatamente i fatti e le relative condizioni traendone ragionamenti esatti e potenti. Intuisce in tutte le cose le più profonde relazioni, cosa che sfugge alla maggior parte delle menti comuni».

Ogni libro di testo pratico sulla «Logica» sarà utile a che desidera accrescere e sviluppare i propri poteri di *ragionamento.*

A questo proposito Brooks sostiene che soltanto con un allenamento ed un esercizio adatto, può essere ben sviluppato il *ragionamento induttivo,* e per far ciò si possono usare diversi modi, ovvero: insegnamento induttivo di diversi tipi di studio elementare; studio formale di scienze materiali; l'investigazione in queste scienze materiali evita gli inganni dell'induzione... Vi sono altri studi scolastici che dànno una cultura speciale riguardo al pensiero *induttivo* e che appartengono alle scienze *induttive;* se ben seguiti in armonia con il loro particolare spirito dànno una cultura atta a potenziare il ragionamento induttivo. Questi studi scolastici sono esattamente la chimica, la filosofia naturale, la storia naturale, l'astronomia e la fisiologia.

Sono di Jevons le *Leggi primarie del pensiero* alle quali, a detta di Halleck, la mente deve ubbidire pensando in modo corretto. Riferendosi a queste leggi, Jevons sostiene che, una volta comprese, tutti gli argomenti potranno essere spiegati e che esse rappresentano la chiave dell'intera logica, ma che gli studenti non sono in grado di capire a prima vista il loro vero significato e la loro importanza, e una volta veramente compresa, la logica sarà sempre per loro. Le tre leggi in argomento sono: la legge dell'*identità;* la legge della *con-*

traddizione e la legge dell'*esclusione* dei mezzi termini. La prima afferma che la stessa cosa o qualità è sempre la stessa cosa o qualità in qualunque condizione si manifesti; la seconda sostiene che nello stesso tempo e luogo una cosa può essere o non essere; l'ultima che una cosa deve essere o non essere e non c'è altra soluzione o scappatoia. Per concludere ricordiamo il vecchio esempio fatto dai logici che considerano la mente non allenata alla logica come un gigante inesperto di lotta che viene battuto da un avversario meno forte di lui ma più esperto. Ignorando l'arte del ragionamento un uomo si troverebbe ostacolato nella corsa al successo e dovrebbe lasciare che un altro avesse un notevole vantaggio su di lui, anche se corredato mentalmente in modo peggiore.

«Essere un buon atleta è molto meno importante che essere un buon logico poiché dalla logica impariamo a ragionare bene e il ragionare ci dà la conoscenza» sostiene Jevons e, come dice Bacon, «la conoscenza è potere». Non possiamo paragonare, da un punto di vista atletico, l'uomo alla tigre, alla scimmia o al cavallo; ma potente della *conoscenza* egli può schernire le scimmie, domare i cavalli ed uccidere la tigre. La mente più logica, anche se debolmente armata, vincerà sicuramente poiché sarà più facile calcolare l'esito delle azioni, scoprire il modo per compiere azioni ritenute impossibili, evitare errori certamente fatali e prevedere quindi il futuro. Certamente gli uomini sarebbero schiavi o verrebbero distrutti dalle formiche se queste possedessero cervelli migliori di quelli degli uomini. Anche l'animale bruto, come noi stessi, non può far a meno di acquisire cognizioni di qualche genere usando gli occhi o le orecchie, ma soltanto la *conoscenza* più profonda, la scienza è quella che ci dà il potere. Pur provando sensazioni, udendo e vedendo per tutta la vita potremmo non imparare nulla della natura delle cose che vediamo se l'occhio della mente, la ragione, non ci permettesse di capire perché le cose esistono e non ci indicasse in che modo e quando agire così che certi avvenimenti accadano o non. In tutti noi avviene il *dover pensare,* in modo giusto o errato, ma quella che ci permette di distinguere tra il ragionamento retto che porta alla verità e l'errato ragionamento che conduce l'uomo alla sfortuna traendolo e inducendolo in errore è la *logica*, scienza del ragionamento.

Halleck ci ricorda che la mente umana può immaginare, percepire, ricordare e, fortunatamente, pensare. Cosa si intende per «pensare»? Pensare significa porre a confronto le cose tra di loro e osservare in cosa differiscono o sono uguali, e in base alle loro somiglianze o differenze, classificarle rispettivamente. *Pensare* significa ordinare e *classificare* tutto ciò che inizialmente sembrava soltanto un'enorme quantità di materiale caotico; unire in un sol gruppo tutte quelle cose che hanno qualità simili e concludere che ciò che è vero per una di queste è pur vero per tutte le altre simili a questa senza dover ricorrere a sperimentare ogni caso particolare; raggruppare in poche classi l'immensa quantità di oggetti che colpiscono le nostre facoltà *percettive.*

Halleck dice che la vita è troppo breve e tante sono le cose da vedere e l'esistenza concede molto di più a chi possiede facoltà mentali più pronte che ad altri. Per questi, infatti, trent'anni sono molto più lunghi che sessanta per altri e afferrano con un solo colpo d'occhio molte più cose che non in mezz'ora un individuo lento e addormentato. I tempi di oggi richiedono capacità di agire bene e con rapidità e quelli che posseggono queste *qualità* hanno molte probabilità di vincere nella lotta per la vita. L'uomo che ragiona rapidamente e nel modo esatto, formula giudizi esatti e pronti ha certamente successo nella vita perché sviluppando le *qualità del ragionamento* ne trarrà certo beneficio e ricompensa.

CAPITOLO SEDICESIMO

LE QUALITA' MORALI

Abbiamo già premesso, all'inizio di questo volume, che non esamineremo nessuna delle *qualità mentali* da un punto di vista religioso o etico perché si preferisce lasciare considerazioni di questo genere ad opere più dettagliatamente specifiche. Procederemo quindi a esaminare le *qualità morali* soltanto relativamente alla necessità o non di possederle onde poter ottenere il successo materiale in generale; considerando che lo sviluppo e la manifestazione di dette qualità sono augurabili anche per lo sviluppo degli affari ed estremamante importanti per raggiungere il successo. Pensiamo che il proverbio «la miglior politica è l'onestà» eticamente sia di assai scarso valore in quanto invece di basarsi sul concetto di rispetto della moralità in se medesima, si basa solo sull'opportunità e la convenienza; e pur concordando con l'idea che l'*onestà* sia la migliore politica crediamo opportuno considerare il problema anche da questo punto di vista e non soltanto lasciando ad opere più alte il compito di mostrarci le lezioni superiori, da un punto di vista etico, morale e religioso. I rapporti commerciali sono basati, in modo assai più profondo che non appaia superficialmente, sulla *fiducia* e la *fede,* e sarebbe praticamente impossibile trattare qualsiasi affare se mancassero i presupposti di moralità e di etica.

I rapporti fra proprietari e dipendenti poggiano su queste basi, e le operazionu di credito, e la maggior parte degli affari mondiali si basano sul credito, si fon-

Le qualità morali

dano principalmente sulla *fiducia* e la *fede*. Così un uomo che tiene fede alla parola data e mantiene i suoi impegni, ha una reputazione tale che è per lui un capitale di valore maggiore che non il denaro che possiede. Nessuno entrerà in trattazione di affari con chi, pur possedendo forti capitali, abbia la reputazione di uomo scaltro, instabile e falso, ossia un fuorilegge.

Chi possiede una reputazione di *lealtà* e di *onestà* si troverà sempre bene negli affari e la lealtà non manca di dare i suoi buoni frutti; anche se, temporaneamente, la lealtà può recare degli svantaggi, a lungo andare avrà sempre il sopravvento. E questo perché le relazioni umane si devono sempre basare sull'*onestà* e la lealtà, anche negli affari e non soltanto per un sentimento religioso o etico. E' pur vero anche che molti uomini arrivati ad essere qualificati come capitani d'industria non sono altro che disonesti avventurieri e pirati senza scrupoli, ma questo non smentisce la regola generale, e sono questi stessi uomini a richiedere ai loro impiegati il massimo dell'onestà e lealtà. Perfino l'impostore cerca delle persone oneste o probe che lavorino per lui, e la prudenza e l'interesse gli impediscono di avere alle sue dipendenze persone disoneste come lui. Senza dimenticare che molti di questi impostori sono stati smascherati e mandati in galera, mentre altri hanno perduto la stima nel mondo degli affari e neppure il denaro è servito loro per procacciarsi la stima ed il rispetto degli altri.

Halleck sostiene che se nel mondo commerciale si pretendesse, come in questioni religiose, le *prove assolute* e non la fede o le credenze, nessun affare si potrebbe concludere in quanto nessuno potrebbe dare la prova assoluta che una banca non potrebbe fallire e di conseguenza nessuna azione bancaria verrebbe acquistata e nessun investimento industriale sarebbe effettuato.

Poiché nessuno potrebbe dare la prova che un certo affare non potrebbe fallire, nessun individuo o società si impegnerebbe in tal senso. La *fiducia* nel debitore è quella che permette la maggior parte di scambi commerciali nel mondo basati sul credito; la comunità commerciale agirà quindi sempre nel mondo, sino a quando non avverrà una stasi, basandosi sulla fiducia negli affari più importanti.

Halleck afferma anche che molte persone sono noncuranti e la mancanza di riflessione procura molti guai dei quali si stupiscono quando ne vedono le conseguenze. La causa della *morale* non reca aiuto più valido della facoltà pensante e l'influenza della legge morale agisce benevolmente sull'umanità, e anche se il pensiero a volte può essere usato per diventare più impostori, è dimostrato che il pensiero più profondo agisce per il bene, e trascurare le grandi leggi morali porta a terribili conseguenze come la distruzione di grandi imperi e la retrocessione del progresso, come la storia ampiamente ci dimostra.

La cattiva *idealizzazione* ha generato spesso un certo rilassamento della morale e dell'etica negli affari, e gli ideali scaturiti dal rapido raggiungimento del successo da parte di alcuni pirati commerciali, hanno oscurato i vecchi ideali di onestà ed integrità commerciale, alterandoli e distorcendoli, e creando l'ideale dell'inganno che si è diramato in ogni possibile direzione. Molti indizi comunque ci fanno sperare che vi sarà un ritorno ai vecchi ideali, se consideriamo che molti appartenenti all'alta finanza sono in prigione, che l'opinione pubblica è in fermento e che la legge, sia pure molto lentamente, ha raggiunto e raggiunge sia i grandi sia i piccoli avventurieri e pirati del commercio e, quando la luce sarà fatta su quello che si nasconde sotto i «grandi affari», si farà ritorno a più onesti ideali.

Per coloro che desiderano conoscere come sia orientato il pensiero del mondo degli affari, citiamo le parole che Cohen ebbe a dire, a New York, durante un congresso di finanzieri di Chicago, toccando nel vivo la situazione degli affari moderni: «Ciò che necessita oggi è dedizione e buon esempio da parte degli uomini d'affari, che debbono stabilire ed adottare regole di semplice e pura onestà, e oltre ad essere arrivati negli affari e giunti al successo debbono essere cittadini integri. Perché se commercialmente il nostro paese è prospero e attivo, moralmente non siamo certo diventati grandi e ciò accade perché gli uomini ai quali si deve questa prosperità sono quelli che hanno un'influenza nefasta sulla nostra morale pubblica ed è quindi assolutamente necessario che gli uomini d'affari elevino il proprio livello morale, ponendo tra le cifre dei guadagni e delle perdite i valori morali». E dopo aver citato vari esempi di corruzione e di inganni politico-finanziari concludeva affermando che gli uomini d'affari del suo paese avevano denigrato il significato di «commercialismo» sino a dare a questo termine un senso sinistro, e che se non vi fossero dei corruttori non vi sarebbero dei corrotti, auspicando infine una riforma da parte degli enti di credito perché il credito e chi per esso agisce, deve essere onesto e prendere in considerazione l'onestà di coloro con i quali intrattiene un affare.

Per raggiungere il successo oggi, bisogna possedere purezza fisica, mentale e morale e quello che abbiamo detto riferendoci all'onestà vale anche per la decenza e la sobrietà; nessun ubriacone o libertino potrà mai raggiungere il successo, e nessun banchiere darebbe un prestito a chi fosse riconosciuto come tale.

Per sviluppare le qualità morali bisognerà quindi osservare e seguire i metodi già descritti precedentemente e più precisamente l'idealizzazione, la visualizzazione e l'azione idealistica.

Per sviluppare le qualità morali è assai importante l'idealizzazione perché è dal proprio ideale di bene e di male che dipende la moralità di ciascuno di noi. Con un buon ideale di onestà, integrità, onore, sarà facile modellare i nostri sentimenti e la nostra condotta in conformità; e specialmente nel mondo degli affari bisognerà ritornare a veri ideali calpestando quelli creati dai facili immediati successi di gente senza scrupolo appartenenti alla finanza frenetica. Imprimete a caratteri di fuoco nella vostra mente le parole onestà, sobrietà, decoro e integrità e ricordate che i vecchi samurai erano troppo orgogliosi per essere sleali o disonesti, e che non potevano deviare dal retto sentiero dell'onore, in quanto avevano l'obbligo della nobiltà, e che avrebbero preferito morire con onore piuttosto che vivere con disonore.

L'immagine mentale di noi stessi che viviamo ed agiamo conformemente all'ideale dell'onestà, della sobrietà e dell'onore, ovverosia la visualizzazione, permetterà di mantenere pulito e scevro di ostacoli il nostro sentiero mentale che, percorso dalla volontà, si tradurrà in azione. Se manteniamo rettamente il nostro sentiero mentale e i nostri ideali anche le nostre azioni saranno oneste, nessuno infatti ha mai rubato volontariamente senza prima aver rubato nella propria mente e se abbiamo tradito la fiducia degli altri, prima abbiamo commesso il tradimento nel nostro pensiero. Per ottenere quindi una retta *azione,* bisogna stabilire l'abitudine del retto *pensiero*.

Vivere i propri ideali camminando il sentiero mentale dell'ideale significa compiere l'«azione idealistica», costruire una casa o un ponte secondo il piano ideato dall'ingegnere, tagliare un abito sul modello ideato dal sarto, versare nella forma mentale ideata dal fonditore il metallo fuso della manifestazione materiale. L'ideale è soltanto una fase della realtà, bisogna quindi realizzare gli ideali con azioni e manifestazioni esteriori. Siate quindi un *vero* uomo, siate un carattere, un'individualità con desideri potenti, con dei principi da vivere e non fantocci mossi da altri. Non barattare l'onore con il successo, non è necessario un simile sacrificio, pretendete il successo ma fissatene voi il prezzo e pretendetelo il cambio. Desiderate, visualizzate, pensate e rappresentate la parte del successo con *onore,* non dimenticando mai che, come Roosevelt ebbe a dire, non bisogna indietreggiare, ma si deve seguire la linea retta e colpire con forza nel segno.

INDICE